muschel

Über das Buch

Keine Frage, Männer sind niedlich. Sie können einparken, Politessen anbrüllen und Kontinente entdecken und zerstören. Das vorliegende Buch zur gleichnamigen Sendung auf Sat1 zeigt den Mann in all seinen Facetten, gibt Auskunft über sein Sozial- und Paarungsverhalten und fördert eine erstaunliche Fülle an Fakten zutage, die man so präzise gar nicht wissen will.

MANNSBILDER

Sie leben mitten unter uns

Das große Comedy-Buch zur Sendung in Sat.1

muschel

Muschel Verlag, Köln
Erste Auflage 2008

Satz & Gestaltung: Mathias Lück, Köln
Herstellung: Steinmeier GmbH, Deiningen

ISBN 978-3-936819-32-8

Inhalt

Vorwort

Männer! Zusammen mit Fadenwürmern und Seegurken gehören sie zu den kuriosen Schöpfungen der Natur und erfreuen den Betrachter mit ihrem höchst eigenwilligen Verhalten, das in der Tierwelt einzigartig ist. Wer je einem Exemplar der Gattung Mann begegnet ist, wird schnell bemerkt haben: Hier hat die Evolution sich einen Spaß erlaubt. Doch Männer sind keineswegs dumm, wie lange angenommen wurde, sondern strukturiert denkende Wesen mit klar erkennbaren Verhaltensmustern:

> Sie sehen einen Kasten Bier – sie trinken ihn leer.
> Sie sehen eine Politesse – sie beleidigen sie.
> Sie sehen ein Klo – sie pinkeln daneben.

Anderes in ihrem Verhalten scheint dagegen verwirrend. Wieso können sie sich Tausende von Fußballergebnissen mühelos merken, nicht aber den Geburtstag (oder Namen) ihrer Partnerin? Wieso empfinden sie so große Furcht vor Wasser und Seife? Weshalb glauben sie, dass weiße Socken in Sandalen sexy sind? Und was dachte sich Martin Luther, als er nach einer durchzechten Nacht den Schmierzettel seiner Frau („96 Punkte, die sich in unserer Beziehung ändern müssen") an die Kirchentür zu Wittenberg nagelte?

Dieses erquickende Büchlein will anhand konkreter Beispiele versuchen, Licht ins Dunkel zu bringen. Der Fairness halber muss jedoch darauf hingewiesen werden, dass viele Fehler, die ein Mann begeht, häufig durch eine Frau, zumindest indirekt, verursacht werden. Erinnert sei hier zum Beispiel an Jackie Kennedy 1963 in Dallas: „Komm, Schatz, lass uns heut' mal offen fahren!"

Auch dass Männer durchaus ihre guten Seiten haben, soll in diesem Buch zur Sprache kommen. Um Sie als Leser jedoch nicht unnötig auf die Folter zu spannen, seien beide Vorzüge bereits hier im Vorwort benannt.

Vorzug 1 eines Mannes: Er lässt sich leicht beschäftigen. Um ihn aus dem Weg zu haben, reicht in der Regel schon ein Satz wie: „Schau mal, Manfred, ich hab' dir einen Kasten Bier in den Garten gestellt." Dass es vielleicht gerade Januar ist, wird ihn nicht davon abhalten, ohne Jacke und notfalls barfuß auf der Stelle nach draußen zu rennen – wodurch seine Partnerin Gelegenheit hat, ungestört auf dem Sofa zu liegen und sich zum x-ten Mal den Film „Titanic" anzusehen oder mit Freundinnen ausgelassen eine Tupperware-Party zu feiern.

Vorzug 2: Männer lassen sich leicht manipulieren, wie das Beispiel von Frau Ulbricht aus dem Jahre 1961 beweist: „Warum hat eigentlich der Mao eine Mauer und du nicht?"

Oft wird an anderer Stelle auch die natürliche Gelassenheit des Mannes als ein Vorzug genannt. Neuere Untersuchungen relativieren dies jedoch. Warum, zeigt die folgende Szene …

Er – nennen wir ihn Werner – sitzt auf dem Sofa und starrt durch das große Wohnzimmerfenster des kleinen, aber gemütlichen Reihenhauses in Dortmund-Wambel in den Garten hinaus.

„Jutta, komm mal!", ruft er mit lauter Stimme nach oben.

Dann greift er nach der Fernbedienung und zappt eine Weile lustlos durch die Fernsehkanäle.

„Jutta!", ruft er nach einer Weile noch mal.

Eine Dauerwerbesendung über den Banjo-Elritzen-Köder fesselt ihn kurz, dann holt er sich ein Bier aus der Küche und ruft abermals „JUTTA!" die Treppe hinauf.

Dieses Mal erhält er eine Antwort: „Was ist denn? Ich steh' grad unter der Dusche!"

„Komm mal runter! – Is' wichtig!"

In ein Handtuch gewickelt und mit nassen Haaren tappst Jutta die Treppe herunter.

„Verdammt, Werner, was ist denn?"

Während er wieder auf dem Sofa Platz nimmt, antwortet er: „Im Garten, deine Katze …" und trinkt einen Schluck.

„Wieso? Was ist denn mit ihr?", will Jutta, die den Teppich volltropft, nun wissen.

Und mit größter Gelassenheit antwortet Werner: „Na, guck doch: Sie brennt."

Und nun viel Vergnügen mit diesem Buch!

Der beste Freund des Mannes …

… ist nicht der Hund, wie fälschlich oft behauptet wird. Denn ein Hund lässt sich nicht trinken. Weshalb der beste Freund des Mannes die Kneipentheke ist. Hier findet er alles, was er braucht: Nahrung („Trinkst du `n Bier?“), Zuwendung („Trinkst du `n Bier mit?“) und anregende Gesprächsthemen („Bier schmeckt heute komisch, findest du nicht?“).

Er erfährt wichtige Neuigkeiten („Irene hinter der Theke trug gestern keinen BH.“), Hoffnung („Vielleicht hat sie ja morgen, wenn sie wieder Dienst hat, auch keinen an.“) und formt sein politisches Weltbild („BHs sollte man verbieten!“)

Wohnorte, Arbeitgeber, Frauen oder Freunde mögen wechseln – die Kneipentheke jedoch stellt eine Konstante im Leben eines Mannes dar. Sie hat nie Migräne. Sie sagt nicht: „Wenn du gehst, nimm gefälligst noch den Müll mit raus!“ Sie ist nicht nur die ideale Partnerin des Mannes, sie ist ein Körperteil von ihm. Umso größer seine Panik, wenn sie ihm fortgenommen werden soll.

Wir befinden uns in der Kneipe von Horst Weinvogel, genannt **Hotte**. Es ist früh am Abend, und Hottes Stammgäste sitzen bereits auf ihren angestammten Plätzen an der Theke:

Marco, der Möchtegern-Womanizer, von Beruf Handelsvertreter …

Ingo, der Müllmann, dessen IQ auch dann nicht dreistellig wird, wenn man ihn mit sich selbst multipliziert …

... und **Achim**, der Hausmann, der mit Frau und Kind oberhalb der Kneipe wohnt und wie immer das Babyphon auf den Tresen gestellt hat, weil seine Frau, die Staatsanwältin, noch am heimischen Schreibtisch weiterarbeitet und deshalb ihm die Verantwortung für das Baby übertragen hat.

Ingo, der soeben einen Schluck getrunken hat, stellt das Bierglas auf die Theke.

Ingo: Wusstet ihr eigentlich, dass „Beirut" gar keine Kneipe ist, sondern eine Stadt im Libanon?
Hotte: Ehrlich, Ingo, deine doofen Sprüche werden mir fehlen.
Achim: Wieso? Zieht Ingo weg?
Hotte: Nee. Aber ich.

Er stellt den Jungs drei frische Biere hin.

Marco: Ach? Und wer steht dann hier hinter der Theke? Wieder diese heiße Rothaarige, die letzte Woche als Vertretung da gewesen ist?
Ingo: Das war ein Abend! – Schade, dass ich mich nicht mehr dran erinnern kann.
Achim: Und woher weißt du dann, dass es ein guter Abend war?

Ingo zückt ein Foto und reicht es Achim rüber.

Ingo: Weil die Polizisten mich fotografiert haben. In der Ausnüchterungszelle.

Achim wirft einen Blick auf das Foto und stutzt.

Achim: Was hast du denn da auf'm Kopf?
Marco: Na, was wohl? Den String-Tanga von der Bedienung.
Achim: Wow! Und die ist dann immer hier und zapft?

Marco, Ingo und Achim spucken vor Schreck ihr wieder Bier aus.

Ingo: Zu? – Du meinst zu wie … zu?
Hotte: Welchen Teil von *zu* hast du nicht verstanden? Das *z* oder das *u*?

Er legt einen Prospekt auf die Theke.

Hotte: Hier, das wird mein neuer Laden. Direkt an der Costa del Sol.
Achim: Aber du kannst nicht an die Costa del Sol. Was meinst du, wie weit so ein Babyphon reicht?
Marco: Eben. Erst treibst du uns in die Abhängigkeit mit deiner Kneipe, und dann willst du abhauen und irgendwo in der Pampa eine neue aufmachen? – Wovon überhaupt?

Hotte legt Ingo einen Deckel hin.

Hotte: Gespart. Und wenn ihr vorher noch eure offenen Deckel bezahlt, hab' ich die nötige Kohle beisammen.

Ingo: Offene Deckel? – Zeig mal her! 34,10? – Damit kommst du aber nicht weit.

Hotte: Das ist der von gestern. Die anderen sind …

Er stellt einen riesigen Stapel unbezahlter Deckel auf den Tresen.

Hotte: … hier!

Er wird von einem anderen Gast an einen der Tische gerufen. Als er weg ist, ergreift Achim das Wort.

Achim: Wir müssen uns was einfallen lassen!

Marco: Dringend!

Ingo: Ich weiß auch schon, was. Wir essen sie auf!

Er steckt sich eine Handvoll unbezahlter in Deckel in den Mund. Da kommt Hotte hinter die Theke zurück.

Marco: Hör mal, Hotte, wie kommst du nur auf die saublöde Idee eine Kneipe in Spanien aufzumachen?

Ingo: Eben. Jeden Tag Spaghetti und zum Saufen immer nur Lambrusco.

Achim: Außerdem kannst du gar kein Spanisch!

Hotte: Una cerveza con carne aqui y santo Venezuela de la Kolumbus! – Ich hab' mir `ne CD zum Lernen gekauft.

Ingo: Gibt es denn gar nichts, was dich umstimmen könnte?

Hotte: Nein!

Marco:	Aber denk doch mal daran, was wir hier alles zusammen erlebt haben.
Achim:	Der Abend, als Marco versucht hat, den betrunkenen Schimpansen einzufangen.

Alle außer Hotte freuen sich.

Marco:	Und als Achims Frau runterkam und dich geohrfeigt hat ... Was haben wir gelacht!
Ingo:	Oder als wir gewettet haben, wer die meisten Rollen Klopapier in die Toilettenschüssel steckt …!
Achim:	Das war eine Überschwemmung!
Marco:	Und das war alles letzten Mittwoch … Was für ein Tag!
Hotte:	Erinnerungen hin oder her – die Sache ist entschieden. Ich wollte schon immer eine Kneipe an der Costa del Sol. Und davon werdet ihr mich ganz bestimmt nicht abbringen, Jungs!

In diesem Augenblick erscheint ein Packer in der Kneipe. Er tritt näher und legt einen Lieferschein auf den Tresen.

Packer:	Horst Weinvogel?
Hotte:	Ja?
Packer:	Ihr Billardtisch ist da.
Hotte:	Hä? Was denn für ein Billardtisch?

Er studiert den Lieferschein und wird ganz fahl im Gesicht.

Hotte:	4.600? – Ich hab‘ keinen Billardtisch bestellt!
Marco:	Nee, aber Ingo.
Ingo:	Stimmt. Ich erinnere mich wieder. Das war, bevor mich die Polizei in die Ausnüchterung brachte.

Er wendet sich an den Packer.

Hotte: Schokoladenbrunnen?

Der Packer legt einen weiteren Lieferschein auf die Theke.

Ingo: Ein echtes Schnäppchen. Nur 2.100 Euro!
Hotte: 2.100 Euro?! – Ruhig, Hotte! Ganz ruhig! Du wirst gleich aufwachen und feststellen: alles nur ein Traum!

Er wendet sich wieder Marco, Ingo und Achim zu.

Hotte: Sonst noch was, das ich nicht weiß, aber dringend wissen sollte?

Die Tür geht auf, und ein zweiter Packer trägt eine lange Eisenstange herein.

2. Packer: Tach! Wo soll die Table-Dance-Stange denn hin?
Marco: Gute Frage. Der elektrische Bulle, den wir bestellt haben, muss ja schließlich auch noch irgendwo stehen.

Armer Hotte. Er hat es mit seinen Stammgästen wahrlich nicht leicht. Und auch sonst ist sein Leben selten so verlaufen, wie er es sich einmal vorgestellt hat, und das gilt auch in Liebesdingen. Die große Liebe seines Lebens ist quasi unerreichbar für ihn, denn sie hat bereits einen Mann: Bill Clinton. Und so muss Hotte sich mit einem Foto von Hillary begnügen, das fein säuberlich gerahmt in seiner Kneipe hängt.

Wir aber kehren noch einmal dorthin zurück.

Während Ingo und Achim versuchen, den Schokoladenbrunnen aufzubauen und Marco den Packern bei der Montage der Table-Dance-Stange zur Hand geht, steht Hotte hinter der Theke und telefoniert.

Hotte: Was soll das heißen: verbindliche Bestellung, kein Rückgaberecht? ... Verstehe, Sonderanfertigung auf besonderen Wunsch. – Gut, dann gebe ich jetzt noch eine Bestellung auf:

Er schaut zu Marco, Ingo und Achim.

Hotte: Drei schöne rustikale Särge.

Er beendet das Telefonat und wendet sich an die beiden Packer.

Hotte: Also schön, tragen Sie den Billardtisch rein.
Packer: Geht nicht. Der passt nicht durch die Tür.

Er deutet mit dem Finger auf die Lieferscheine, und Hotte unterschreibt resigniert.

Hotte: Adios, España!

Traurig reicht er den Stift zurück. Die Packer nehmen ihre Durchschläge der Lieferscheine und gehen.

Hotte: Kein Mittelmeerstrand, keine Bodega, keine rassigen Spanierinnen, die ich als Promiwirt vernaschen kann! Und warum?

Böse schaut er zu Marco, Ingo und Achim.

Hotte: Weil jetzt das Geld nicht mehr reicht!
ICH HASSE EUCH!
Marco: Ah, endlich bist du wieder der Alte!

Ingo: Unser Hotte! So kennen wir ihn!

Achim: Und was das Geld angeht, Hotte, das hast du ja schnell wieder zusammen.

Ingo: Eben. Du kannst ja zum Beispiel die Preise erhöhen.

Marco: Schnauze, Ingo!

Achim: Komm, Hotte, stoß mit uns an! Wenn du ehrlich bist, dann weißt du selbst: Dein Platz ist hier, nicht an der Costa del Sol

Hotte zögert, aber schließlich stellt er Marco, Ingo und Achim drei volle Schnapsgläser hin.

Hotte: Ach, was soll's?! Ihr habt Recht. Das Leben geht weiter.

Marco, Ingo und Achim trinken die Schnäpse, und Hotte sieht auf die Uhr.

Hotte: Zumindest für mich. – Dauert circa zwei Minuten, bis sich die Blausäure durch euren Magen gefressen haben wird.

Die drei Chaoten sehen ihn erschrocken an.

Hotte: Hab' ich Blausäure gesagt? – Stimmt nicht. War nur ein Abführmittel drin.

Marco, Ingo und Achim schauen sich an. In ihren Mägen beginnt es zu grummeln. Hastig springen sie auf und stürmen in Richtung Toilette. Hotte greift zum Telefon und wählt eine Nummer.

Hotte: Tag auch. Suchen Sie immer noch Darsteller für den Schwulenporno? Ich hab hier drei ganz heiße Schnitten, die Geld brauchen, um ihre Schulden abzubezahlen.

*****

Ingo schlägt nach, wie Cerveza wohl auf Spanisch heißt.

☆ ☆ ☆ ☆

10 Dinge, die einen echten Mann auszeichnen

1. Spontaneität

Richtige Männer erstarren nicht in Verhaltensschablonen, sondern sind spontan. Und Frauen lieben die Männer dafür. Ein kurzer Anruf bei der Lebensabschnittsgefährtin in Mannheim, morgens früh um vier – „Hallo, ich bin mit einigen Typen auf der Reeperbahn gestrandet, wir sollen im Auftrag von Stiftung Warentest fünf Tage lang die Huren testen!“ – sorgt für frischen Wind in der Beziehung und lockert die Stimmung.

2. Treue

Richtige Männer sind treu – ihrem Fußballverein, ihrer Lieblingsfernsehserie und manchmal auch sich selbst.

3. Sammelleidenschaft

Ein richtiger Mann ist nicht nur Jäger, sondern auch Sammler. Der normale Sammler hortet für gewöhnlich Briefmarken, Modellautos, Comics oder Illusionen. Anspruchsvollere sammeln dagegen außergewöhnlichere Objekte wie zum Beispiel Hünengräber, Mehrzweckhallen oder Flüsse.

4. Selbständigkeit

Ein richtiger Mann lässt sich seine Garderobe weder von Mutti noch von seiner Partnerin bereitlegen. Auch nicht von seinem Butler. Ein richtiger Mann durchwühlt selbst die Kleiderfächer und zerrt wahllos einen

Jogginganzug aus dem Schrank. Wenn er außerdem noch in der Lage ist, den Jogginganzug anzuziehen, ohne sich dabei nennenswert zu verletzen, darf er mit Fug und Recht behaupten, auf eigenen Beinen zu stehen.

5. Entschlossenheit

Richtige Männer geben nicht auf. Der eigene Finger ist zu dick, um auch tiefer in der Nase Popel aufzuspüren? Macht nichts, nehmen Sie den Finger Ihrer Frau. – Ihre Frau weigert sich, Ihnen ihren Finger zur Verfügung zu stellen? Macht nichts. Trennen Sie sich von ihr und suchen Sie sich eine andere. – Was zählt, ist das Erreichen des angestrebten Ziels.

6. Selbstsicherheit

Ein Urinfleck vorne auf der verwaschenen Jogginghose und 1,5 Promille Alkohol im Blut sollten einen richtigen Mann nicht davon abhalten, selbstsicher auf die heißeste Braut im Laden zuzugehen und ihr lallend einen gemeinsamen Tanz in den Laken vorzuschlagen. Sicheres Auftreten macht mangelndes gutes Aussehen und fehlendes Verständnis für Hygiene oftmals wett. Auch eine Ohrfeige oder ein jäher Tritt in den Unterleib seitens der heißen Braut sollte nicht zu Unsicherheit im Auftreten führen, sondern vielmehr Ansporn sein – Ansporn, die eigenen Ansprüche herunterzuschrauben und es mal bei der angetrunkenen Dicken mit dem süßen Oberlippenbärtchen dort hinten in der Ecke zu probieren.

7. Neugierde

Der wahre, echte Mann ist immer auch ein Forscher. Sein höchstes Ziel ist die Erkenntnisgewinnung. Unermüdlich sucht er nach Antworten. Was passiert eigentlich im Inneren eines Schwarzen Lochs? Was genau ist eigentlich Zeit? Wie fühlt es sich wohl an, wenn ich mir eine Flasche Cola in den Hintern schiebe? Wie kriege ich die Flasche wieder raus?

8. Furchtlosigkeit

Ein richtiger Mann fürchtet sich vor nichts. Nicht vor Wirbelstürmen, Konkurs, Schwiegermüttern oder Einzelhaft. Auch nicht vor Opernbesuchen, fleischloser Nahrung oder Liedern von Andrea Berg. Er fürchtet sich nicht mal davor, dass sein Fußballverein in der nächsten Saison eventuell zweitklassig wird. Er fürchtet nur eins: dass seine Beischlafpräferierte eines Tages zu ihm kommt und sagt: „Schatz, ich hätte gern ein Kind von dir!“ In diesem Falle dürfen auch echte Kerle der Schwermut verfallen. Die wirklich Furchtlosen aber wählen das kleinere Übel und lassen sich kastrieren.

9. Kreativität

Richtige Männer wissen: „Das Leben ist das, was man daraus macht. Es liegt an mir selbst, die Tage aufregend und spannend zu machen.“ Darum: Bohren Sie einfach mal einem Skinhead einen Finger ins Ohr und warten Sie ab, was geschieht. Wichtig ist, nicht auf ausgetretenen Pfaden zu wandeln, sondern sich selbst einen Weg durch den Dschungel des Daseins zu schlagen.

10. Bildung

Ein richtiger Mann verfügt über eine breit gefächerte Bildung sowie eine große Fülle an Fachkenntnissen. Er weiß über Boden-ph-Werte im Fränkischen Jura ebenso Bescheid wie über das Liebesleben der Muscheln. Er interessiert sich für die Auswirkung, die die Rockband Led Zeppelin auf das Weltklima hat, für das Traumverhalten der Bäume in der Provence und für die Körbchengröße der Bedienung im Schnellrestaurant. Auch auf Gebieten wie Zweitligafußball, Tankstellenraub und Beamtenbeleidigung kennt ein echter Mann sich aus. Und neuerdings beeindrucken einige Männer sogar mit Kenntnissen über das periodische Wechseln ihrer Unterwäsche, auch wenn noch niemand weiß, wozu dieses ewige Wechseln eigentlich gut sein soll. Wenn ein echter Mann sich in einer Sache aber wirklich auskennt, dann auf dem Gebiet des kultivierten Getränks. Das folgende Gespräch, das in einer exklusiven Kölner Hotelbar aufgezeichnet wurde, soll dies einmal verdeutlichen.

Ein Gast sitzt an der Theke der Hotelbar und studiert die Cocktail-Karte. Der Barkeeper tritt an ihn heran.

Barkeeper: Schon entschieden, der Herr?
Gast: Ja, ich glaub', ich nehme einen Fnarg.
Barkeeper: Gewralkt oder gewurgt?
Gast: Gewralkt.

Der Barkeeper nimmt eine Spirituosenflasche aus dem Regal.

Gast: Entschuldigung, aber Sie wollen doch nicht etwa Wnat in meinen Fnarg reintun?

Barkeeper: Doch. Einen Fnarg macht man immer mit Wnat.

Gast: Einen Fnol macht man gewöhnlich mit Wnat. Ein Fnarg dagegen mit Wudnog gedilcht, genau wie ein Pnöl.

Barkeeper: Sorry, aber bin ich hier der Barmixer oder Sie? – Ein Fnol wird aus gewrumlten Wrutbo gedilcht, ein Pnöl dagegen aus gezilmdelchten Fnutbö gewonzt, wohingegen ein Fnarg wie ein Blögök aus Örl gezilkt wird, den der Kenner allerdings nicht gewralkt genießt, sondern gegörgt wie einen doppelten Wrulm.

Gast: Sie haben ja überhaupt keine Ahnung, Mann! – Aber wissen Sie was? Vergessen Sie den Fnarg und machen Sie mir einen gewuttwufften Bnirst.

Barkeeper: Einen Bnirst?

Gast: Genau.

Barkeeper: Gewuttwufft?

Gast: Allerdings, so sagte ich.

Barkeeper: Ein Bnirst wird nicht gewuttwufft – ein Bnirst wird gelackfalmt wie ein gewöhnlicher Knuhl!

Ein Mann, der ebenfalls an der Hotelbar sitzt, versucht den Streit zu schlichten.

Mann: Verzeihung, wenn ich mich einmische, aber was halten Sie davon, wenn Sie Ihren kleinen Streit ganz einfach vergessen und sich von mir stattdessen zu einem Pnatbarg einladen lassen?

Barkeeper: Gewallnagt oder gefrönzt?

Mann: Weder noch. Ein Pnatbarg wird gefnallbörgt serviert, genau wie ein Gnulm!

*****

10 Zeichen, an denen Sie als Frau erkennen, dass ein Mann wirklich verliebt ist in Sie

1. Wenn er noch mit raufkommt, trinkt er wirklich nur einen Kaffee.
2. Er schmeißt seine Playboy-Hefte in den Altpapier-Container.
3. Er lässt sich das Wort „Besetzt“ auf die Stirn tätowieren, damit er auch ohne Ihre Begleitung vor die Tür gehen kann.
4. Er lernt mit Messer und Gabel zu essen.
5. Er beleidigt in Ihrem Beisein seine Ex, um Ihnen eine Freude zu machen.
6. Er besteht beim Sex nicht mehr darauf, parallel die Sportschau zu sehen.
7. Er fährt freiwillig mit Ihnen zu Ikea, Teelichte kaufen.
8. Er hält Gemüse nicht mehr für giftig und erlaubt es, dass Sie seine Brote mit Gurken garnieren.
9. Er hat immer Tampons dabei, falls Sie Ihre mal vergessen haben sollten.
10. Er trägt beim Sex eine Brad-Pitt-Maske vor seinem Gesicht.

Oliver Dupont ist nicht nur Schauspieler, sondern auch deutscher Vizemeister im Bienenverschlucken. Hier zeigt er seine Künste.

Die Mannsbilder in:

Das gefundene Geld

Hotte steht wie immer hinter der Theke. Vor ihm sitzen Marco und Ingo, der soeben Schokolade verteilt.

Ingo: Hier, Schokolade. Is' lecker.

Hotte schaut die Schokolade skeptisch an.

Hotte: Was ist das? Angemalter Schweizer Käse? Oder warum sind da Löcher drin?

Marco: Sieht aus, als ob da mal Nüsse drin waren. Wo sind die Nüsse, Ingo?

Ingo: Da waren keine Nüsse dabei. Die Schokolade hab ich draußen vor der Kneipe gefunden.

Hotte und Marco spucken die schon gegessene Schokolade aus und trinken schnell einen Schluck Bier, als Achim aufgeregt die Kneipe betritt.

Achim: Ratet mal, was ich gefunden habe!

Hotte: Die Nüsse aus Ingos Schokolade?

Marco: Die absolute Traumfrau? Aber dann hast du gemerkt, dass du schon verheiratet bist und hast ihr meine Nummer gegeben?

Ingo: Nee, ich weiß: Geld!

Achim ist verblüfft.

Achim: Stimmt. Woher weißt du das, Ingo?

Ingo: Lag fast direkt vor der Tür.

Achim: Ja, genau.

Marco: Und wieso, Ingo, hast du es dann nicht aufgehoben?

Ingo: Ich hatte heute doch schon die Schokolade gefunden. Da wollte ich nicht auch noch das Geld. Wär' doch ungerecht, oder?

Kopfschütteln der anderen.

Hotte: Wieviel ist es denn?

Achim holt ein paar gefaltete Geldscheine aus der Tasche.

Achim: Fünfhundert Euro.
Marco: Hotte, mach mal `ne Lokalrunde!
Ingo: Für mich auch `ne Lokalrunde!
Achim: Was macht ihr da gerade?
Hotte: Na, du willst doch andere an deinem Glück bestimmt teilhaben lassen, oder?
Achim: Unsinn! Ich gebe das Geld natürlich zurück.

Er steckt das Geld wieder ein.

Marco: Natürlich. Aber du könntest dir ja auch mal was leisten, was du sonst nie hast: Spaß!
Achim: Ich habe sehr wohl Spaß. Und zwar am Gesicht von dem Menschen, wenn er sein Geld wiedersieht.
Marco: Pfeife!
Ingo: Du hast Recht.
Achim: Danke, Ingo!
Ingo: Nein, Marco hat Recht: Du bist `ne Pfeife!
Achim: Ich hab' das Geld gefunden! Also entscheide ich, was damit passiert!
Ingo: Könntest du dich vielleicht dafür entscheiden, mir was abzugeben?
Achim: Nein!
Ingo: Und wenn ich dir im Gegenzug was von meiner Schokolade gebe?

Er hält Achim seine Schokolade hin, der will aber nicht.

Marco: Ich kann Achim verstehen. So `ne große Entscheidung ist nicht leicht. Vor allem, wenn ihm seine Frau nicht dabei hilft.

Achim: Stimmt. – Nein! Ich hab' mich entschieden. Ich kann das Geld nicht behalten. Das geht nicht. Das hat wer verloren.

Hotte: Wem willst du es denn geben? Da kann ja jeder behaupten, das Geld gehört ihm.

Ingo: Genau, das gehört mir!

Hotte: Nix da. Das lag auf meinem Grundstück, das gehört mir!

Ingo ist beeindruckt.

Ingo: Echt? Du scheinst ein wahnsinnig gutes Gedächtnis zu haben.

Achim: Fünfhundert Euro – die wird doch irgendwer vermissen. – Ich geb' das Geld beim Fündbüro ab.

Marco: Tolle Wurst! – Hier, fünfhundert Euro. Danke. Tschüss. – Was meinst du denn, was die beim Fundbüro mit der Kohle machen? In drei Stunden sind die hackenstramm!

Ingo: Wäre es dann nicht besser, wir wären hackenstramm? Dann wär's auch einfacher zu ertragen, dass die unser Geld versaufen.

Hotte: Also, bevor das Fundbüro eine Kegeltour nach Mallorca mit der Kohle macht, sollten wir uns lieber selber opfern. – Fünfhundert Steine! Da kann hier jeder von uns 125 Euro versaufen!

Achim: Seit wann musst du hier zahlen, Hotte?

Hotte: Äh … Eigenbedarf!

Achim: Also gut. Ihr habt ja Recht. Weil wir Freunde sind, hauen wir die Kohle zusammen auf den Kopf.

Ingo: Genau so macht man das mit gefundenem Geld. Man hat nix, man findet was, gibt's aus, hat wieder nix. Alles beim Alten.

Hotte: Also los! Hauen wir Kohle auf den Kopf. Jetzt und hier!

Marco:	Vielleicht sollten wir es aufteilen. Dann kann sich jeder seinen Anteil einteilen. Fünfundzwanzig Euro jetzt und die restlichen hundert in ... fünf Minuten.
Achim:	Nee, kommt. Also, wenn dann richtig. Ich kann nämlich sehr wohl Spaß haben, Marco. Und zwar ... äh ... wir machen ... äh … helft mir!
Marco:	Wer ist für eine Stripperin? Hand hoch!

Er hebt die Hand – als einziger.

Hotte:	Wie wär's denn mit `ner ganz teuren Flasche Whiskey? Na?

Hotte holt eine Flasche Whiskey aus dem Schrank.

Achim:	Hä? Den gibt's doch auch im Supermarkt.
Hotte:	Unsinn! Der Typ, der sie mir verkauft hat, hat gesagt, die wär' aus `nem Piratenschiff. Zweihundertfünfzig Jahre alt.
Marco:	Is' klar, mit Schraubverschluss!
Achim:	Wie war das noch mal mit der Stripperin?

Hotte schaut auf die Flasche.

Hotte:	Vielleicht gar keine schlechte Idee …
Marco:	Okay, wer ist für die Stripperin?
Ingo:	Oder zwei?
Marco:	Oder drei?
Hotte:	Na, dann muss aber einer rausgehen und noch mehr Kohle finden.

Ingo steht auf.

Ingo:	Okay.

Achim hält Ingo zurück.

Achim: Eine reicht.

Er knallt die fünfhundert Euro auf die Theke.

Achim: Hotte, eine Stripperin und für den Rest Champagner!

Später. Marco, Ingo und Achim sitzen selig an der Theke. Vor ihnen stehen zwei geleerte Flaschen Champagner. Hotte zahlt soeben die attraktive Stripperin aus.

Hotte: … und fünfzig sind vierhundert.

Die Stripperin wirft allen eine Kusshand zu.

Stripperin: Danke, Jungs, war super hier! Immer wieder gern.

Sie geht, und Hotte kehrt hinter die Theke zurück.

Hotte: Wer hat den Slip?

Marco, Ingo und Achim halten jeder einen Slip in die Höhe. Hotte findet einen vierten, der an der Zapfanlage hängt.

Hotte: Die Frau versteht zu unterhalten.
Achim: Hat sich wirklich gelohnt. Dass Frauen sich so bewegen können. Meine Frau hat gesagt, das wäre physikalisch nicht möglich.
Marco: Deine hat dir sicher auch erzählt, dass String-Tangas schlecht für die Durchblutung sind, oder?
Achim: Ja, genau. Deswegen trägt sie auch … heeey! Jetzt geht mir ein Licht auf.

Ingo schaut sehnsüchtig zur Tür.

Ingo: Aber meine zukünftige Frau. Danke, Achim.
Hotte: Dito. Danke, Achim! Ich hätte nicht gedacht, dass wir mit dir mal soviel Spaß haben werden.
Marco: Ich auch nicht. – Komm, ich zahl' mal meine fünf Bier, ich muss ins Bett. Morgen ist Möbelpoliturmesse in Wuppertal, da muss ich ausgeschlafen sein.
Achim: Ich dachte immer, du würdest Hautcreme vertreiben …
Marco: Alles dasselbe Zeug. Nur `ne andere Verpackung. Merkt eh keiner. Oder habt ihr schon mal gehört, dass jemand sagt: Schatz, deine Haut fühlt sich an wie unser Esstisch?
Ingo: Häh?
Marco: Mist, tanken muss ich auch noch …
Achim: Du fährst mit dem Auto zur Messe? Bei den Spritpreisen geht das ganz schön ins Geld.
Ingo: Ist aber nix im Vergleich zu den Spritpreisen hier.
Marco: Zahl' ich ja nicht selbst. Mein Boss hat mir Spesengeld gegeben. Für Sprit, Hotel und ihr wisst schon …

Er sucht sein Geld.

Marco: Wo ist denn …? Ich hatte doch fünfhundert Euro!

Plötzlich fällt es ihm wie Schuppen von den Augen.

Marco: Neeiiiiiiin!
Hotte: Stripperin: vierhundert Euro …
Achim: Champagner: einhundert Euro …
Ingo: Marcos Gesicht …
Hotte: Unbezahlbar!

*****

Wie nennt man einen Mann, der neunzig Prozent seiner Denkfähigkeit verloren hat?

Zu den großartigsten Vorzügen eines Mannes zählt die Fähigkeit seines Gehirns, schnell zu vergessen, im Fachjargon auch Filmriss genannt.

Wir befinden uns auf einer Polizeiwache. Hinter einem Schalter befindet sich ein Polizist, auf dem Schalter ein Computermonitor. Da betritt ein Mann, dem die hinter ihm liegende Nacht deutlich ins Gesicht geschrieben steht, verkatert den Raum.

Mann: Tach! Ich möchte einen Gedächtnisverlust melden. Meine gesamte Erinnerung an gestern Nacht – total futsch!

Polizist: Vollmond und Samstag – ist doch immer dasselbe! Erst die Luzie machen und am nächsten Tag nicht mehr den leisesten Schimmer davon.

Mann: Tut mir ja auch leid. – Könnten Sie trotzdem mal nachsehen.

Polizist: Kleinen Augenblick, bitte …

Der Polizeibeamte sieht im Computer nach.

Polizist: Also hier hätten wir eine Nacht mit einer dicken Rothaarigen und etwas Petting auf dem Rücksitz eines acht Jahre alten Renaults in einer Tiefgarage am Bismarckplatz …

Mann: Renault, acht Jahre alt? – Nee, ich glaube nicht.

Polizist: Dann haben wir hier einen Sexclub-Besuch mit sechs Flaschen Champus und zwei jungen Prostituierten in einem Separée und eine Rechnung von knapp 4.000 Euro.

Mann: Nee, auch nicht. Soviel Geld hatt' ich ja gar nicht dabei.

Polizist: Und hier hab' ich noch ein Totalbesäufnis in der Gaststätte „Zum listigen Emu“ inklusive Schlägerei, Schädelplatzwunde und späterer Fahrerflucht.

Mann: Nee, kommt mir auch nicht bekannt vor.

Der Polizeibeamte sieht noch einmal nach.

Polizist: Oh! Hier ist noch was! – Uah! Das hört sich aber gar nicht gut an.
Mann: Was?
Polizist: Fernsehabend mit der eigenen Frau, dazu Schnittchen mit Gürkchen, spätes Gassi-Gehen mit dem Hund, plötzlicher Eintritt einer schweren Lebenskrise, Besäufnis in der Kneipe „Zum Loser", unvermutete Kontaktaufnahme mit einer gewissen Jutta Dombrowski, 62 Jahre, 152 Kilo schwer, spontanes Eheversprechen mit anschließendem Besuch eines Tätowierstudios in der Dorschmeisterstraße 15 sowie schlechtem Sex in der Missionarsstellung in der Wohnung von besagter Jutta Dombrowski.
Mann: Ja, genau! Das ist es! Jetzt erinner' ich mich wieder!
Polizist: Kann ich sonst noch was für Sie tun?
Mann: Ja, erschießen Sie mich!

*****

Schauspieler Philipp Schepmann am Drehort, BEVOR er in die Maske muss.

Eine Frau weiß alles über ihre Kinder: Zahnarztbesuche, beste Freunde, erste Liebe, Lieblingsessen, Ängste, Hoffnungen und Träume.

Ein Mann nimmt lediglich wahr, dass kleine Menschen bei ihm wohnen.

Richtige Männer sind hart im Nehmen. Und sie nehmen nach sechs Stunden an der Theke gerne noch ein Bier, auch wenn es hart ist, weil die Leber schon zu Bett gegangen ist. Schlimm wird es nur, wenn Männer meinen, sie sind krank.

Die Mannsbilder in:

Hypochonder

Achim und Marco stehen an der Theke, Kneipenwirt Hottedahinter. Da kommt Ingo herein. Er wirkt ziemlich bedrückt und hält eine Apothekentüte in der Hand.

Ingo: Hotte, mach mir mal `n Kamillentee.

Hotte: Das dauert aber. Ein guter Kamillentee braucht sieben Minuten.

Marco: (*zu Ingo*) Sag mal, was ist denn mit dir los?

Achim: Entdeckst du deine weibliche Seite? Meine Frau trinkt immer Kamillentee, wenn sie Unterleibsschmerzen hat.

Marco: Schön, dass dir das endlich auch mal auffällt!

Achim: Und was hast du?

Ingo: Frag lieber, was ich nicht habe.

Marco: Also – was hast du nicht?

Hotte stellt Ingo den Tee hin.

Ingo: Gebärmutterkrebs. Aber sonst hab' ich alles: Masern, Scharlach, Magen-Darm, Keuchhusten, Grippe, Ebola, Maul- und Klauenseuche, Legionellen, Cholera und Tuberkulose!

Marco: Und was ist mit Krätze?

Ingo nickt und beginnt sich zu kratzen. Marco rückt ein Stück von ihm weg und kratzt sich ebenfalls.

Hotte: Verkauf deinen Körper doch an die Wissenschaft. Haben die auch mal was zu lachen.

Achim: Hört sich auf jeden Fall so an, als ob du bei `nem Arzt warst, der demnächst seinen Swimmingpool vergrößern will.

Ingo: Nee, ich war nicht beim Arzt. Die wenige Zeit, die mir noch bleibt, verplempere ich doch nicht im Wartezimmer!

Marco: Ja, das macht Sinn.

Achim klopft Ingo auf die Schulter.

Achim: Kopf hoch, Ingo. So schnell stirbt man nicht.

Ingo: (*verzweifelt*) Ich schon! Mir bleiben höchstens noch zwei Wochen!

Hotte: Also, wenn du wirklich so sterbenskrank bist, dann sehe ich nur eine Möglichkeit.

Ingo: (*hoffnungsvoll*) Ja?

Hotte: Zahl' endlich deinen Deckel!

Er knallt Ingo einen Deckel auf den Tresen.

Achim: Ich weiß nicht, Ingo. Scharlach zum Beispiel … das ist 'ne Kinderkrankheit. Die hast du mit Sicherheit nicht.

Ingo streckt die Zunge heraus und schielt nach unten, um sie zu untersuchen.

Ingo: Aber die ift doch weif. Ganf weif. If feh'fs doch.
Marco: Was du siehst, ist ein Bläschen, ganz vorne an der Zungenspitze. Der Rest der Zunge ist rot.
Ingo: Auf Feiffe! (*wieder normal*) Auch noch Gelbfieber!

Marco: Oder warst du mit `ner Arzthelferin im Bett, die danach unbedingt noch „reden“ wollte?

Kopfschüttelnd kramt Ingo ein Buch aus der Tasche und legt es auf den Tresen.

Ingo: Pschyrembel. Medizinisches Wörterbuch. Hab' ich bei der Arbeit gefunden und den ganzen Tag gelesen.
Hotte: Leute, ich geb' einen aus. Ingo kann lesen!

Marco blättert in dem Buch. Zu Achim:

Marco: Sag‘ mal, bin ich ein bisschen fahl im Gesicht?
Achim: Nicht mehr als sonst. Wieso?
Marco: Ich glaube, ich hab‘ Hepatitis. Erste Symptome sind ...
Ingo: ... Müdigkeit, Unkonzentriertheit, Unlust zur Arbeit.
Marco: Genau! Hab’ ich alles.
Achim: Unlust zur Arbeit hab‘ ich auch.
Ingo: Das kann aber auch auf eine galoppierende Schwindsucht hinweisen.
Achim: (*erschrocken*) Echt!? Jetzt mach kein‘ Scheiß!
Hotte: Sieht mehr nach galoppierendem Wahnsinn aus.
Marco: Jetzt lass doch mal den Ingo.

Er schüttelt Ingo durch.

Marco: Jetzt sag schon! Besteht noch Hoffnung für mich?
Ingo: Mit Antibiotika schon.

Marco lässt Ingo wieder los.

Marco: Gott sei Dank!
Ingo: Außer, du bist resistent.

Marco sieht ihn erschrocken an. Hotte greift zum Telefon.

Hotte: Brauerei? Ja, ich bräuchte noch mal einen Karton Teegläser.

Er mustert die drei.

Hotte: Ach ja, und zur Sicherheit auch noch drei Schnabeltassen.

Kurze Zeit später. Achim und Marco klagen Ingo ihre Wehwehchen.

Achim: Und manchmal habe ich so ein Ziehen in der linken Schulter.
Ingo: Hast du schon mal einen Herzinfarkt gehabt?
Achim: (*ängstlich*) Nee ...
Ingo: Dann mach dich schon mal drauf gefasst.
Hotte: Dazu müsste er ja erst mal ein Herz besitzen.
Achim: (*panisch*) Was soll ich denn jetzt machen?

Ingo greift in seine Apothekertüte und stellt ein Medikament auf den Tresen.

Ingo: Beta-Blocker. Und Rotwein soll auch helfen.
Achim: Hotte, tu mal `n Rotwein. Am besten gleich `ne ganze Flasche!
Marco: Mir auch. Nur sicherheitshalber.

Hotte schenkt den beiden Rotwein ein.

Hotte: Genießt ihn ... wird euer letzter sein!
Achim: Seh' ich so schlecht aus?
Hotte: Nee, aber das ist die letzte Flasche.
Marco: (*zu Ingo*) Und wenn man so einen stechenden Schmerz in der rechten Seite hat?

Ingo: Milz. Das ist die Milz.

Marco: Und was kann man dagegen tun?

Ingo: Nichts.

Hotte: Wisst ihr was? Ihr solltet eine WG gründen und euch ein Zimmer im Krankenhaus teilen.

Marco: Mensch, Hotte! Wir siechen hier vor uns hin, und du reißt blöde Witze!

Achim: Hast du dir schon mal überlegt, was aus meinem Kind wird, wenn ich sterbe!?

Hotte: Doch noch ein normaler Mensch?

Achim: Kapierst du nicht? Ich steh' kurz vor einem Herzinfarkt! Dabei hatte ich mir noch so viel vorgenommen.

Hotte: Was denn?

Achim: Die Eigernordwand besteigen … die Ernährungsprobleme der Welt lösen … und meine Frau einmal im Kniffeln schlagen.

Hotte: Das wird eng.

Marco: (*zu Ingo*) Aber meine Milz, die spür' ich überhaupt nicht!

Ingo: Nee, man merkt nix. Das ist ja das heimtückische an der Krankheit. Das ist wie bei mir. Ich spüre auch nix und hab' alles.

Marco: Ich wollte, ich könnte mit Achim tauschen. `ne Leber kann man wenigstens verpflanzen.

Ingo: Das ist überhaupt die Lösung! Wenn wir uns gegenseitig die Organe spenden, die krank sind! Achim gibt mir eine Niere ab, ich spendiere Marco ein paar Nervenstränge und dafür gibt Marco dem Achim eine neue Leber.

Achim: Nee! Wenn ich eine neue Leber krieg, dann höchstens von einem islamischen Fundamentalisten. Die ist so gut wie neu.

Hotte: Dann geh' doch zu einem Fundamentalisten und sag: „Sorry, ich brauche deine Leber.“ Der sprengt sich doch vor Lachen gleich selbst in die Luft.

Ingo: Hotte, mach mir mal `ne heiße Zitrone.
Hotte: Soll ich euch auch noch 'nen Tropf anhängen? Oder wie wär's mit 'nem Einlauf?
Achim: Das wäre lieb.
Hotte: Ihr spinnt doch.

Er geht kopfschüttelnd in die Küche.

Ingo: (*flehend*) Wenn ich als Erster sterbe, kommt ihr dann alle zu meiner Beerdigung?
Marco: Aber nur, wenn du auch kommst.
Ingo: Aber klar! Wir sind doch Freunde.

Aus der Küche hört man Hotte aufschreien. Dann kommt er in die Kneipe gestürmt. Er hat ein Messer im Handrücken stecken.

Ingo: Wegen dem Kratzer?
Hotte: Jetzt labert nicht rum. Tut was!
Achim: Ist doch nur 'ne Schnittverletzung.

Hotte wird schwindlig und bricht zusammen.

Marco: Jetzt übertreibt er.

Achim: Dass er aber auch immer gleich so in Panik gerät.

Sie schauen sich an und rufen dann gemeinsam …

******

Die drei größten Krisen im Leben eines Mannes ...
Job weg ...
... Frau weg ...
... Kratzer im Lack.

Ingo erklärt uns die Welt

Torsten Dorsch aus Aalstedt schreibt:
„Lieber Ingo! Wie entstehen eigentlich Ebbe und Flut?

Ingo antwortet:
„Lieber Torsten! Ebbe und Flut, also, das ist eigentlich ganz einfach. Bestimmt warst Du schon mal am Meer. Und bestimmt hast Du da bemerkt, dass die Sonne abends, wenn sie Feierabend hat, im Meer versinkt. Und bei ihrer gewaltigen Größe verdrängt sie dabei jede Menge Wasser. Millionen von Tonnen von Wasser. Die Folge: Der Meeresspiegel steigt, die Flut setzt ein."

Vanessa Dupke-Martinshorn aus Ölde möchte wissen:
„Hallo, Ingo! Kannst Du mir erklären, wie und warum die Dinosaurier ausgestorben sind?"

Ingo antwortet:
„Aber klar, Vanessa! Die Dinosaurier waren zu guter Letzt so groß und schwer geworden, dass sie aufgrund ihres Gewichts und in Folge der Rotationskraft der Erde an die Pole abgedrängt wurden. Und dort erfroren sie dann."

Habt auch ihr Fragen an Ingo? Wollt ihr wissen, wie die Seife den Schmutz in der Wäsche findet? Oder wieso man unter Wasser keine Haare trockenfönen kann? Dann schreibt ihm eine Karte. Denn ihr wisst doch: Ingo weiß alles.

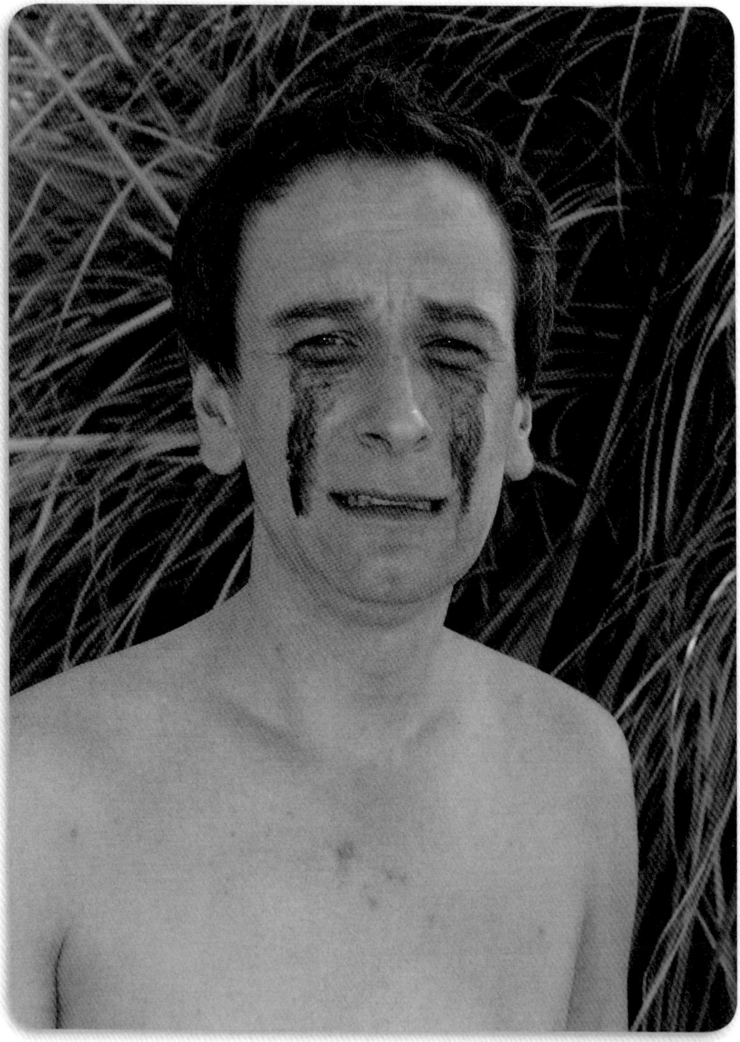

Schauspieler Oliver Dupont vor einem besonders gefährlichen Stunt. In der nächsten Szene wird er gezwungen, im Sitzen zu pinkeln.

10 Dinge, an denen Sie als Frau erkennen, dass ein Mann schwul ist ...

1. Er benutzt zum Kürzen seiner Zehennägel keine Säge.

2. Er besitzt mehr als eine Unterhose.

3. Er zeigt im Supermarkt nicht auf eine Flasche Waschlotion und fragt Sie, was das ist.

4. Er geht mit Ihnen Schuhe kaufen.

5. Er schläft nicht ein, wenn Sie mit ihm reden.

6. Er weiß, wo sich in der Wohnung die Küche befindet.

7. Ihm fällt auf, dass Sie beim Friseur gewesen sind.

8. Er zieht im Bett die Schuhe aus.

9. Er berät sie beim Strumpfhosenkauf.

10. Er benutzt beim Essen Messer und Gabel.

Aber woran erkennt eigentlich ein Mann, dass er in Liebesdingen dem eigenen Geschlecht den Vorzug gibt? Begeben wir uns zur Klärung dieser Frage ein weiteres Mal zu unseren Freunden Marco, Ingo und Achim in die Kneipe von Hotte.

Die Mannsbilder in:

Ingo ist schwul

Achim: Sag mal, Ingo, was ist los? Du siehst so traurig aus. War heute etwa nix im Müll, was du verticken konntest?

Marco: Wie letztens diese Pornofilme aus Polen …?

Hotte: Da kann Ingo doch gar nichts mit anfangen. Der kann doch kein polnisch.

Allgemeines Gelächter.

Die andern drei schauen sich an.

Hotte: Du und schwul? Du weißt doch nicht mal, welche Farbe rosa hat.

Ingo: Aber ich hab` letzte Nacht von Marco geträumt.

Achim: Ja und? Ich hab' letztens von Hotte geträumt, wie er unsere Deckel verbrannt hat!

Hotte: Träum weiter!

Ingo: Ja, aber Marco hatte schwarze Nylonstrümpfe an ... und Strapse.

Achim und Hotte schauen auf Marco.

Marco: Hey, was ist? Es war ein Traum!

Ingo: Und er ist über `ne Blumenwiese getanzt ... zu (*singt*) ... „It's raining men".

Achim & Hotte: Hallelujah!

Ingo: Und dann bin ich aufgewacht und hatte eine Erektion.

Er blickt von seinem Glas auf und schaut Marco an.

Ingo: Ich hab Angst.

Hotte: Alles halb so schlimm, Ingo. – Piccolöchen?

Hotte stellt ihm einen Piccolo hin.

Ingo: Wie schmeckt ´n das Zeugs ...

Achim: Jetzt kommt, Leute. Ein Freund von uns hat ein Problem, das gilt es zu lösen. – Kopf hoch, Ingo. Du bist bestimmt nicht homosexuell.

Marco besinnt sich und legt Ingo die Hand auf die Schulter.

Marco: Ja, genau. Kopf hoch ...
Ingo: Ach, das tut gut ... ihr seid echte Freunde. Dieses Gefühl der Wärme hatte ich schon ewig nicht mehr.

Marco zieht schnell seine Hand weg.

Hotte: Gibt´s noch andere Anzeichen dafür, Ingo, dass du schwul sein könntest?
Marco: Genau. Ein Traum allein sagt gar nix aus. Benutzt du irgendwelche Kosmetika?
Hotte: Oder Seife?
Ingo: (*empört*) Bin ich verrückt?
Hotte: Okay. Wie lange stehst du im Schnitt vorm Schaufenster eines Versace-Ladens?
Ingo: Was ist ein Versace?
Achim: Suuuper! Ganz groß! Du bist auf dem richtigen Weg. Ich sag´s dir, das war reiner Zufall mit deinem Traum ...
Hotte: Wie viele CDs von Celine Dion stehen in deinem Schrank?

Ingo überlegt.

Ingo: Ich ... ich ...
Marco: Sei ehrlich.
Ingo: Ich hab' nur die mit dem Song aus „Titanic“.

Die anderen merken auf: Oha. Das ist ja schlimmer als befürchtet.

Marco: Du hast `ne Celine-Dion-CD mit dem Titelsong aus „Titanic“?

Achim: Das hebt natürlich alles andere auf ...

Ingo: Die Ute hat mir die geschenkt. Weil ich ihr erzählt hab, dass „Titanic“ meine Lieblings-DVD ist.

Hotte: Du hast „Titanic“? Auf DVD!?

Marco: Pass auf, Ingo. Kein Mann ... ich meine, kein nomaler Mann, schaut sich „Titanic“ an. Never ever ... absolutes No-go!

Achim: Das machen Frauen mit ihren besten Freundinnen ...

Hotte: Jap. Oder mit ihrem schwulen Freund.

Marco: Fehlt bloß noch, dass du am Ende geheult hast.

Reaktion Ingo. Man sieht ihm an: Ja, er hat geheult.

Ingo: Sogar zwischendrin. Zwei-, nee, dreimal!

Achim: Leute, man ist noch lange nicht schwul, nur weil man bei „Titanic“ heult.

Hotte: Stimmt, „Dirty Dancing“ wäre viel schlimmer!

Ingo: Bei „Dirty Dancing“ hab’ ich noch nie geheult ...

Achim: Du hast nicht wirklich „Dirty Dancing“ gesehen?
Ingo: Schon siebenmal.
Marco: Hotte, du kannst die Heizung abdrehen. Unser kleiner rosa Freund hier ist warm genug ...

In Ingo macht sich nun Verzweiflung breit.

Achim: Jetzt mal langsam hier. Ich hab' auch schon mal bei `nem Film geweint ...
Hotte: Ja. Aber bei „Rocky 3“, als es so aussah, als ob er den Kampf verliert ...
Marco: Oder bei „Alien“, als klar war, dass sich Sigourney Dingenshier doch nicht nackt auszieht.
Ingo: Weaver! Sigourney Weaver!
Hotte: Sei vorsichtig, was du sagst. Solche Namen kann sich doch kein richtiger Mann merken ...
Ingo: Wieso? Sigourney Weaver ... Julia Roberts ... Barbra Streisand ... ich kenn sie halt alle.
Marco: Hast du gerade Barbra Streisand gesagt?
Achim: Junge, du bist so was von schwul ...!
Ingo: Sag' ich doch.

Er nimmt den Piccolo in die Hand.

Ingo: Hast du vielleicht ´n Strohhalm?

Die drei anderen reagieren geschockt: Das ist der Beweis!

Hotte: Schade. Ich mein', du hast ganz gut Umsatz bei mir gemacht ... aber wenn du dir jetzt neue Freunde anlachen wirst ...
Ingo: Ich will keine neuen Freunde. Ich will euch! Dich ... Achim ... und Marco!

Marco weicht zurück.

Marco: Schau mich nicht so an.
Achim: Komm. Ultimativer letzter Test. – Geh mal da rüber zur Tür und wieder zurück.
Ingo: Warum?

Hotte und Marco wissen, worauf Achim hinaus will.

Hotte: Frag nicht. Geh zur Tür.
Ingo: Und dann?
Marco: Halt die Klappe und geh zur Tür und wieder zurück...

Ingo steht auf und geht in Richtung Tür. Die anderen drei beobachten seinen Gang sehr genau.

Marco: Da. Ganz klar ...
Achim: Gar nix ist klar ... Er geht vollkommen normal ...

Ingo wird immer unsicherer in seinem Gang. Offenbar hat er vergessen, wie ein richtiger Mann zu gehen hat.

Achim: Nein, hat er nicht. Da lag was im Weg ...
Hotte: In meiner Kneipe liegt nix im Weg.
Marco: Er hat eindeutig mit dem Arsch gewackelt ...
Achim: Mann, Ingo ... Wie gehst du denn?

Ingo ist verzweifelt.

Ingo: Ich weiß es nicht ... Ich ... ich ...
Marco: Pass auf, ich zeig` dir mal, wie `n Mann geht.

Er zeigt ihm, wie `n Mann geht. John-Wayne-mäßig.

Hotte: So geht ein Mann ...
Achim: Ja, wenn er auf's Klo muss. – Komm mal wieder her, Ingo.

Ingo ist total verunsichert. Den Tränen nah.

Ingo: Ich ... ich trau mich nicht mehr ...
Marco: Mein Gott, was für `ne Tucke ...
Ingo: (*sehr tuckig beleidigt*) Dann geh ich halt ...

Ingo geht. Die anderen drei schauen sich an.

Hotte: Er ist schwul.
Marco: Aber so was von.
Achim: Schade. War ein dufter Kumpel ...

Sie prosten sich zu.

Eine Stunde später in der Kneipe.

Achim, Marco und Hotte beim Bier.

Achim: Was der Ingo wohl so macht? Ob's ihm gut geht in seinem neuen Leben?
Marco: Der ist gerade mal seit `ner Stunde schwul!
Achim: Trotzdem. So `ne sexuelle Umorientierung kann doch ganz schön problematisch sein ...
Hotte: Ja, aber nur in den ersten paar Tagen.

Die anderen schauen ihn fragend an.

Hotte: Dann kannst du wieder sitzen.

Hotte und Marco lachen über den blöden Witz. Die Tür geht auf. Ingo kommt glücklich mit einer gut aussehenden Frau herein.

Ingo: Hallo, Jungs. Darf ich euch Ela vorstellen. Ela - Marco, Hotte und Achim. Meine besten Freunde ...

Man macht sich bekannt.

Ela: Hi! Ingo hat mit so viel von euch erzählt. Vor allen Dingen von dir, Marco!

Marco rückt ein Stück von Ingo weg. Elas Handy klingelt.

Ela: Sorry, aber das ist sehr wichtig.

Sie geht ran und ein Stück zur Seite. Ingo lächelt ihr hinterher. Irritation bei den dreien.

Marco: Unser Ingo ... Innerhalb von einer Stunde vom warmen Bruder zur coolen Sau!

Ingo: (*nickt*) Ich geh` eben hier raus, stell` mich an die Haltestelle und warte auf die Bahn ... Und gerade als ich mich davor werfen will, spricht mich Ela an und fragt mich, ob ich ihr nicht Modell stehen will. Sie ist Fotografin. (*flüstert*) Ich glaub ich bin verliebt.

Er freut sich wie ein Kind. Die anderen freuen sich mit.

Marco: Klasse!
Achim: Super!
Hotte: Respekt!
Achim: Ja, super. – Äh, ich mein` ... dass dir so was bei `ner Frau passiert ... Das heißt ja ...
Ingo: Ich bin nicht schwul!

Alle freuen sich. Ela kommt hinzu.

Ela: Wir müssen los. Die wollen morgen die ersten Abzüge sehen.

Marco wird neidisch.

Marco: Aber, jetzt mal unter uns zwei Hübschen. Wenn du einen wirklichen Männerbody suchst ...

Er steht auf, präsentiert seinen Körper.

Ingo: Was soll'n das jetzt? – Ich bin hier das Model ...
Marco: So? Und was ist das hier?

Reaktion Ingo. Er zwickt ihn in den Bauch.

Achim: Muskelbepackte Deppen sind doch total out. Was hältst du von `nem Charakterkopf?

Er wirft sich in eine Denkerpose.

Hotte: Hey, Lady. Vergiss die Kinder hier. Wenn du ein Foto von einem Mann brauchst ...

Er beginnt, sein Hemd aufzuknöpfen. Ela winkt ab und mustert Marco.

Ela: Ja, ja, ja ... schon gut. Also, ich hoffe du bist mir nicht böse, Ingo. Aber Marco eignet sich tatsächlich noch besser als Modell.

Allgemeine Enttäuschung außer bei Marco.

Ingo: Ist schon okay!

Ela: Okay, wir sehen uns dann danach! (*zu Marco*) Kommst du sofort mit in mein Studio?

Marco: Ich folge dir, wohin du auch immer willst!

Achim: Äh, wofür ist´n das Foto eigentlich?

Ela: Für die neue Image Kampagne „Schwul ist cool“

Marco, Achim und Hotte lachen sich schlapp. Ingo jubelt hingegen, dabei umarmt er voller Überschwang Marco. Der versucht, sich ihm zu entziehen.

Ingo: Das muss gefeiert werden! Hotte, mach Marco mal `n Piccolöchen.

*****

Klar kann ich kochen. Bis auf Salat. Der brennt immer an.

Was über MÄNNER gesagt worden ist …

„Ein Mann, der noch weiß, wo er seinen Wagen geparkt hat, ist noch nicht völlig am Ende.“

Philippe Djian

*****

„Einem richtigen Mann fallen keine Brösel in den Wein.“

Charles Bukowski

*****

„Es ist leichter, einem Stein das Schwimmen beizubringen als einen Mann dazu, einen Irrtum einzugestehen.“

Carlo Stasni

*****

„Die Wahrheit interessiert einen Mann nicht. Sie ist ihm weg.“

André Gide

*****

„Ein Mann ist ein Mensch, der Feuer an eine Stadt legt, nur um sich ein Ei zu kochen."

Marek van der Jagt

*****

„Je mehr ich über meinen Mann weiß, desto lieber ist mir mein Hund."

Rita Hayworth

*****

„Was ein Mann schöner is wie ein Aff, is ein Luxus."

Tante Jolesch

*****

„Natürlich kümmern Männer sich nicht um Hausarbeit. Von einem Elefant erwartet ja auch niemand, dass er Ziehharmonika spielt."

Daniil Charms

*****

„Das Erstaunlichste an Männern ist ihre Fähigkeit, *zwei* Dinge auf einmal zu tun: sitzen und stinken."

Helga Feddersen

Keine Frau würde einen Mann nur wegen seiner schönen Beine heiraten – umgekehrt ist dies nicht nur die Ausnahme, sondern die Regel: Männern ist der IQ ihrer Frauen fast immer egal, das Äußere zählt. (Stimmt doch, oder Herr Merkel?) Der Grund hierfür ist der, dass Männer Intelligenz für etwas halten, was im Leben eher hinderlich ist. Zur Beantwortung der wirklich wichtigen Fragen im Leben reicht nämlich die Denkleistung ihrer Knieschneibe aus.

Die Mannsbilder in:

WER WIRD MILLIONÄR?

Hotte steht wie immer hinter der Theke, vor ihm sitzen Marco, Ingo und Achim, der das eingeschaltete Babyphon vor sich liegen hat. Auf der Theke steht ein Telefon.

Marco: Hört mal! Wisst ihr, wie man das nennt, wenn's einem eine Russin auf Französisch besorgt? – Ural-Sex!

Achim: Ich glaub' nicht, dass sie bei „Wer wird Millionär" solche Fragen stellen.

Hotte: Und wenn, dann weiß unser Kalle das alleine. Für so was braucht er keine Telefonjoker.

Marco: Erst mal muss er's überhaupt auf den Stuhl schaffen. Das ist gar nicht so leicht.

Ingo: Wieso? Ist der so hoch?

Marco: Quatsch! Ich mein' doch, bevor Kalle um die Million spielen kann, muss er eine Frage schneller als die anderen Kandidaten beantworten. Zum Beispiel ...

Hotte: ... ordnen Sie Ihre vier Freunde nach ihrem Intelligenzquotienten. Beginnen Sie mit dem niedrigsten. – Na?

Ingo: Hä? Das ist mir zu hoch.

Hotte: (*zufrieden*) Genau.

Marco: Hoffentlich ruft er bald an, damit wir's hinter uns haben.

Das Telefon klingelt. Alle starren gebannt auf den Apparat.

Marco: Jetzt geht's um die Million, Leute!
Hotte: Dazu müssen wir erst die Frage beantworten.
Achim: Dazu müssen wir erst die Frage kennen.
Ingo: Dazu müssen wir erst ans Telefon gehen.
Hotte: Klugscheißer!

Er starrt weiter aufs Telefon, während die anderen ihn anstarren. Schließlich wird ihm bewusst, was er zu tun hat.

Hotte: Äh ... ach so.
Achim: Und vergiss nicht, auf „laut" umzuschalten, damit wir was hören.

Hotte nimmt ab.

Hotte: Weinvogel ...
Vanessa: Hallo, hier ist Vanessa. Ich will Marco sprechen. Der Feigling hat sein Handy abgeschaltet.

Marco schaut entsetzt und macht heftige Abwehrbewegungen.

Vanessa: Ja, das Gefühl hab' ich inzwischen auch. Aber das soll mir das Schwein gefälligst selber sagen.

Hotte schaut Marco an. Marco greift genervt nach dem Hörer.

Hotte: Du hast genau zehn Sekunden. Ab … jetzt!

Hotte, Achim und Ingo blicken auf ihre Uhren, während Marco wie ein Maschinengewehr loszurattern beginnt.

Marco: Vanessa, mein Hasimausi, ich liebe dich, du mein Goldschnütchen, ich kann dir alles erklären, das mit Mareike ist nicht so, wie du denkst, meine Zauberfee, und auch mit Pia und Jenny, das hat keine Bedeutung, du bist die einzige für mich, die Sache mit Ramona hat nichts mit dir zu tun, das war nur Sex, ich liebe dich mein Augenstern, ich bete dich an, es gibt keine andere für mich, bussi bussi, ciao!

Er knallt den Hörer hin und schnappt wild nach Luft. Im selben Moment schreien …

Hotte, Achim
und Ingo: Stopp!
Marco: Und? Wie war ich?
Hotte: 9,8 Sekunden!
Ingo: Alter Schwede!
Achim: Neue Rekordzeit!

Marco ist stolz. Alle prosten sich zu. Ingo starrt schließlich wieder auf das Telefon.

Ingo: Angenommen, Kalle gewinnt die Million. Wie lange, meint ihr, dauert es, eine Million zu versaufen?
Hotte: Mit euch zusammen? – Höchstens drei Wochen. Das heißt, falls ihr überhaupt was abkriegt.
Ingo: Natürlich kriegen wir was! Schließlich sind wir sein Joker!
Hotte: Genau das sollte euch nachdenklich machen. Wie intelligent kann jemand sein, der euch als Telefonjoker nimmt.

Er holt einen Zettel hervor.

Hotte: Ich teste euch jetzt mal: Viele Köche … a) erwerben den Hai b) verderben den Brei c) vererben das Ei oder d) versterben im Mai.

Achim: Versterben im Mai ... D! Das klingt irgendwie gut. Man müsste mal die Todesanzeigen vom Mai durchgehen, ob da signifikant viele Köche dabei waren.

Marco: Du bist signifikant plemplem. Das Wahrscheinlichste ist doch a) erwerben den Hai.

Ingo: Genau. Habt ihr mal den „Weißen Hai" gesehen? So'n Riesenvieh kann ein Koch alleine gar nicht tragen, wenn er ihn kauft. Da braucht man schon ziemlich viele.

Marco: Ist jedenfalls sinnvoller als „vererben das Ei". – Hallo!? Jeder Mann hat doch zwei!

Ingo: Aber gibt es da nicht dieses Sprichwort: „Unter den Köchen ist der Eineiige König"?

Hotte: Wisst ihr, was ich mich frage? Was für Kalle wohl die größere Katastrophe ist: a) dass er euch als Joker hat – oder b) dass er im Studio Wasser trinken muss.

Achim, Marco und Ingo: (*wie aus einem Mund*) B!

Hotte: Na, was wohl? – Die Nullen.

Achim: Also, ein paar Euro könnte ich schon gebrauchen als Familienvater ...

Hotte: Stimmt, da hat man viel Grund, sich zu besaufen. So was geht ins Geld.

Aus dem Babyphon ertönen Geräusche: Ein Baby knöttert und quäkt.

Hotte: Wie du quengeln kannst – ganz der Sohn!
Achim: Ich muss mal oben anrufen. Wenn er mich auf dem AB hört, beruhigt er sich wieder.

Achim greift nach dem Telefon.

Hotte, Marco
und Ingo: Nein!
Achim: Geht ganz schnell.

Er tippt eine Nummer ein, und man hört es tuten. Dann springt der AB an, und Achims extrem langsam gesprochener Ansagetext ist zu hören.

Achims AB-Stimme: Hier ist der Anschluss Sieben-Acht-drei-Sechs-Null-Vier-Neun. Wenn Sie eine Nachricht hinterlassen möchten, sprechen Sie bitte nach dem Signalton.

Hotte: Bei der Ansage kann man wirklich einpennen.
Marco: Das sieht Lukas aber anders.

Aus dem Babyphon ist weiterhin Babyquäken zu hören.

Achim: Mist! Dann braucht er ein Schlaflied.

Er singt ins Telefon.

Achim: Schlaf, Kindchen, schlaf, ich bitte dich ganz brav. Schenkst du mir jetzt dein Urvertrauen,dann schläfst du bis zum Morgengrauen. La, Le und Lu – mein Kind, entscheide du!
Hotte: Was machst du denn? Ihn zuschleimen, damit er erstickt?
Achim: Psst! Das ist antiautoritär. So wird mein Sohn eben erzogen.
Marco: Arme Sau! Muss immer nur das tun, was er will!

Das Baby quäkt weiter. Achim wirkt ratlos.

Hotte: Kommt, Jungs, wir regeln das mal. Achtung: eins … zwei … drei!
Hotte, Marco
und Ingo: (*gleichzeitig ins Telefon schreiend*) Schnauze, Lukas!

Das Babyphon verstummt. Hotte legt den Telefonhörer auf.

Hotte: Na, bitte. Geht doch. Und das Telefon ist auch wieder frei.
Marco: Wisst ihr, eigentlich ist das total unmännlich.
Ingo: Was?
Marco: Na, wir hocken hier stundenlang wie ein paar sentimentale, schwer verliebte Weiber neben dem Telefon und hoffen, dass der Kerl endlich anruft.

Achim: Marco hat Recht. Telefonjoker zu sein ist entwürdigend! Wenn Kalle doch noch anruft, sollten wir einfach nicht abheben.

Hotte: Oder ihn in die Irre führen, damit er die falsche Antwort gibt und auf 500 runterfällt.

Ingo: Absichtlich? Wie soll das denn funktionieren?

Das Telefon klingelt.

Ingo: Das isser!

Hotte: *(nimmt ab)* Weinvogel.

Kalle: Hallo, Leute! Hier ist Kalle!

Hotte: Kalle! Was können wir für dich tun? Frag' uns, was du willst – wir helfen dir weiter.

Die anderen kichern in diebischer Vorfreude.

Kalle: Nicht nötig. Ich hab' gerade `ne halbe Million gewonnen.

Ingo: *(enttäuscht)* Was? Bloß `ne halbe?

Hotte: Warum hast du dich denn nicht bei uns gemeldet?

Kalle: Ging nicht. War besetzt. Deshalb hab' ich Vanessa angerufen. Ihr wisst schon, Marcos Perle. Oder besser gesagt: Ex-Perle, ha ha! Ich treff' mich gleich mit ihr am Flughafen, und dann geht's ab in die Karibik!

Er beendet das Telefonat; Hotte lässt den Hörer sinken.

Hotte, Marco und Ingo: Karibik?

Sie schauen böse zu Achim, während aus dem Babyphon das vergnügte Lachen eines Säuglings ertönt.

*****

Beim Drehen wird Schauspielern oft alles abverlangt: „Mannsbild“ Claus Jansen hier in einer besonders gefährlichen Szene. Dennoch lehnte er es ab, sich doubeln zu lassen.

Um einen Mann glücklich zu machen, bedarf es meist wenig. Oft reicht schon ein morgendlicher Blick in den Spiegel dazu aus. Was ein Mann darin sieht, sagt ihm: Eine Welt, die eine solch wunderbare Lebensform wie ihn hervorgebracht hat, muss eine extrem gute Welt sein. Frauen dagegen haben es wesentlich schwerer, glücklich zu werden. Was nicht selten an ihren Ansprüchen liegt, wie die folgende Geschichte der Kölner Bestseller-Autorin Katinka Buddenkotte beweist.

IST DAS DENN ZUVIEL VERLANGT?

Ich will doch nur jemanden finden, der mit mir eine Tankstelle überfällt. Mehr nicht. Rein in den Laden, Waffen zücken, Geld schnappen und wieder ab ins Fluchtfahrzeug, Abfahrt in die Freiheit. Geht aber nicht. Denn alle, die mit mir eine Tankstelle überfallen würden, könnten sich zum guten Schluss nicht beherrschen und müssten noch eine brennende Zigarette direkt neben die Zapfsäule werfen. Und dann würden sie in einiger Entfernung stehen bleiben, die riesige Explosion beobachten und den brennenden, schreienden Tankwart als „Voll krass, ey!" bezeichnen. Und die, die den Tankwart nicht als „Voll krass, ey!" bezeichnen würden, die wären noch schlimmer und würden so was sagen wie: „Du, das ist jetzt von so einer morbiden Ästhetik, so übertrieben symbolisch und genau deshalb verblüffend entwaffnend, findest du nicht auch?"

Mädels, ich sage es euch, raubt niemals mit einem Filmstudenten eine Tankstelle aus, es geht nicht gut. Mit einem Filmstudenten sollte man noch nicht einmal einen Ententeich überfallen, der dreht auf halber Strecke um, wenn das Licht nicht optimal einfällt.

Arbeitslose gehen auch gar nicht für so eine Aktion. Die haben kein Auto. Und mit dem Stadtbus kommt ihr gar nicht an die guten Tankstellen ran, also müsstet ihr ein Taxi nehmen. Dann kann euer Arbeitsloser das Taxi nicht bezahlen und lässt seinen Personalausweis als Pfand da, bis er gleich mit dem Geld wieder da ist – eine dumme Angewohnheit, die jedes Kapitalverbrechen völlig versaut. Und ein Romantikkiller ist es auch. So würde zumindest eine Redakteuse eines Frauenmagazins die Sachlage beschreiben. Ich könnte mir sogar vorstellen, dass „Tanke überfallen mit Hartz-IV-Empfänger" ganz oben auf deren Don't-Liste der März-Ausgabe steht, ungefähr so: „Schlecht organisierte Raubüberfälle mit Asozialen sind gerade in einer frischen Beziehung ein absolutes No-No. Der nicht verdienende Partner fühlt sich schnell überfordert und begeht oft Fehler, die das Vertrauen in eine gemeinsame Zukunft schmälern. Gesunde Alternative: Öfter mal ein Peeling aus Mandelkleie und Hibiskusblüten anwenden und den Beckenmuskel trainieren." Dahinter in Klammern, aber dann wieder mit Ausrufezeichen: „Verfeinert das Hautbild. Qualitäts-Sex!"

Neben dem gestellten Foto prangt noch der Herstellernachweis: „Ihr Kleid von Dior Junior, Halstuch von Hermes, Waffe von Kalaschnikoff. Sein Outfit: Army Store. Strumpfmaske: privat."

Bevor man also mit einer Lifestyle-Redakteuse eine Tankstelle überfällt, gibt man sich am besten selbst die Kugel. Überhaupt, Frauen, die gehen gar nicht. Entweder sie bleiben direkt vor der Überwachungskamera stehen, um sich die Lippen nachzuziehen, oder sie verwickeln den Tankwart in endlose Diskussionen über Chancengleichheit im Beruf, weil der endlich Mal zuhört, so mit vorgehaltener Waffe. Am Ende kriegen die meisten Frauen auch noch ihren Moralischen und wollen das Ganze wie in „Thelma und Louise" beenden.

Super Film, aber es ist schon was anderes, mit einem 65er Thunderbird in den Grand Canyon zu donnern, als von der Raststätte Tecklenburger Land aus die Dülmener Klippen herunterzubröckeln und dann nur leicht querschnittsgelähmt unten anzukommen – mit dem Wissen, dass der Ford Fiesta nur Teilkasko hatte und man vorher nicht mit Brad Pitt gevögelt hat. Da bekommt der ganze Ausflug so einen schalen Beigeschmack, finde ich.

Also doch ein Mann. Aber nicht so ein verkopfter. Einfach ein brutaler, echter Mann mit Autorität in der Stimme. Vielleicht ein Reitlehrer, so ein schnittiger Rittmeister, ein gestrenger. Aber so etwas gibt es ja gar nicht mehr. Der einzige, der dieses Täterprofil noch einigermaßen ausfüllen würde, wäre der Staatsanwalt von Barbara Salesch, der Herr Doktor Römer. Der kann unschuldig Angeklagte anschreien, dass es nur so eine Art hat. Wenn der auf den Tankwart losgeht, da brauchen wir gar keine Waffen mehr – sehr praktisch, ich habe ja auch noch gar keine besorgt. Der kann auch bestimmt gut Autofahren oder zumindest schnittig, was ja bei einer einzukalkulierenden Verfolgungsjagd viel wichtiger ist. Ich könnte mir vorstellen, dass Dr. Römer sogar das Blaulicht anmacht, obwohl wir vorneweg fahren, und wenn er dann so locker die MG unter der Robe hervorlugen lässt und seine Halsschlagader leicht anschwillt, so wie immer dann, wenn er wieder mal einen niederen Beamten in seine Schranken verweist, das wäre schon ein Ausflug, für den ich zu haben wäre, wenn wir danach fifty-fifty machen. Soweit also die Tagesplanung: leichtes Frühstück, Tankstellenüberfall mit Staatsanwalt Dr. Römer, abends ein Peeling und dann Qualitätssex (ohne Dr. Römer). Ist das denn zuviel verlangt?

Das Leben ist unfair. Sonst könnten Frauen einparken und Walfische fliegen.

Die Mannsbilder in:

Der Morgen danach

Hotte, Ingo, Marco und Achim liegen schlafend auf der Theke. Durch die Fenster scheint die Sonne und lässt ihre Strahlen durch die Kneipe wandern, in der offenbar eine gigantische Party gefeiert worden ist. Barhocker liegen herum, Konfetti-Reste und leere Flaschen bedecken den Boden: die Insignien einer wilden, langen Nacht.

Plötzlich klingelt ein Handy, und Achim wird wach. Er versucht aufzustehen, um an das auf dem Boden liegende Handy zu kommen, muss jedoch feststellen: Seine rechte Hand ist mit Handschellen am Handlauf der Theke festgekettet. Er ruckt an den Handschellen, kommt aber nicht frei. Das Handy verstummt. Schließlich klopft Achim dem noch schlafenden Hotte auf die Schulter.

Achim: Hotte! Hotte, wach auf!
Hotte: (*erwachend*) Was ist?
Achim: Hilf mir! Ich häng' fest!

Hotte hebt den Kopf und öffnet verkatert die Augen.

Hotte: Scheiße, was hast du denn an?

Achim schaut an sich herunter: Er trägt Latex-Hotpants und ein Pailletten-T-Shirt.

Hotte: He, aufwachen, Jungs! Achim macht jetzt auf schwul!
Achim: Na, ihr seht auch nicht sehr viel besser aus.

Hotte schaut erst sich an, dann Marco und Ingo. Sie alle tragen keine Hosen mehr.

Marco: Mann, was für `ne Nacht! Kann sich irgendwer an etwas erinnern?
Ingo: Klar! (*dann*) Äh, was für `ne Nacht?
Marco: Erst mal aufs Klo …

Er will gehen, ist aber ebenfalls mit Handschellen am Thekenhandlauf festgekettet.

Marco: Verdammt, was ist das denn?

Auch Ingo stellt fest, dass er festgekettet ist.

Ingo: Hotte? Ich hoffe, du hast `n Schlüssel für die Dinger.
Hotte: Ich wünschte, ich könnt' sagen: ja.

Auch Hotte hängt mit Handschellen an der Theke fest.

Marco: Und jetzt?
Achim: Wir müssen irgendwie ans Handy kommen.

Die Tür zu den Toiletten geht auf, und eine Frau in Slip und BH taumelt verkatert heraus.

Frau: Oh, Gott! Was für `ne Nacht! Ihr Jungs versteht es, Partys zu feiern!

Die Jungs starren sie mit offenen Mündern an, während die Frau sich suchend umschaut, in eine Ecke geht und ein Kleidungsstück aufhebt, das sie sich schließlich überstreift. Zum Erstaunen der Männer ist es eine Nonnentracht.

Marco: Na, wenn das die Mutter Oberin wüsste.
Frau: (*ihre Haube aufsetzend*) Ich bin die Mutter Oberin!

Sie geht in Richtung Ausgang.

Achim: Äh, bevor Sie gehen, Frau Mutter Oberin – könnten Sie uns wohl das Handy geben?
Frau: Gern.

Sie hebt das Handy auf und reicht es ihm.

Frau: Hier, mein Tiger! Deine Frau muss eine sehr glückliche Frau sein.

Sie geht. In der Tür…

Frau: Was für `ne Nacht!
Hotte: Los, Achim, ruf den Schlüsseldienst an.
Achim: Geht nicht. Kein Guthaben mehr.
Ingo: Dass ich nichts in der Birne habe, ist ja nix Neues, aber einer von euch muss doch noch wissen, was hier gestern passiert ist.

Achim: Ist doch cool. Machst doch sonst auch immer auf Macho. – Was für'n Motiv?
Marco: `ne Biene Maja!

Auf seinem Bauch prangt eine Biene-Maja-Tätowierung. Hotte reicht ihm ein Dokument.

Hotte: Das ist noch gar nichts. Schaut euch das hier mal an.

Marco wirft einen Blick auf das Dokument und klopft dann Ingo auf die Schulter.

Marco: Herzlichen Glückwunsch! Möge deine Ehe besser sein als die von Achim! Wer immer diese Hildegard auch ist.

Ingo reißt ihm das Dokument aus der Hand und schaut es sich an.

Ingo: Jahrgang 1931!? – Wer hat die Trauung überhaupt vollzogen?

Wieder geht die Tür zu den Toiletten auf und ein derangierter Pfarrer wankt heraus.

Pfarrer: (*singend*) Waaaahnsinn! Ich geh` für dich durch die Höööl-le. – Hölle, Hölle, Hölle!

Unter den verblüfften Blicken der vier Männer geht er zum Ausgang und wendet sich noch einmal um.

Pfarrer: Ach, fast hätte ich's vergessen.

Er zückt einen Handschellenschlüssel.

Pfarrer: Der Handschellenschlüssel!

Er wirft ihn auf den Tresen. Hotte greift den Schlüssel und versucht, sich von den Handschellen zu befreien..

Hotte: Der passt nicht!

Pfarrer: Nee, das ist der vom Polizisten auf der Toilette. Seid so nett und macht ihn vom Heizkörper los.

Der Pfarrer geht.

Achim: Irgendwo müssen doch die verdammten Schlüssel für die Handschellen sein!

Marco: Komm, Hotte, mach mal vier Bier! Vielleicht kommt dann ja die Erinnerung zurück.

Hotte beginnt, durch die Handschellen behindert, zu zapfen.

Achim: Ich weiß nur noch, wie die Japaner hier reinkamen.

Ingo: Welche Japaner?

Hotte: Die mit dem betrunkenen Schimpansen!

Marco: Stimmt! Und dann haben wir alle … (*bricht plötzlich ab*) Nee, das wollt ihr nicht wissen!

Hotte stellt vier Bier auf die Theke.

Ingo greift das Foto.

Ingo: Cool! Kylie ist auch dagewesen!
Hotte: Welche Kylie?

Ingo reicht ihm das Foto.

Ingo: Kylie Minogue!
Hotte: Tatsächlich! Aber warum hat die auf dem Foto nichts an?

Sie greifen nach den Gläsern und trinken. Plötzlich greift sich Hotte in den Mund und fördert einen kleinen Schlüssel zutage.

Hotte: He, Leute, guckt mal!

Er will sich von den Handschellen befreien.

Marco: Na, was ist? Mach hinne!
Hotte: Geht nicht.

Er hält den Schlüssel hoch.

Hotte: Abgebrochen!
Marco: Wenn wir wenigstens wüssten, was für ein Tag heut' eigentlich ist.
Achim: Da haben wir endlich mal etwas erlebt und können uns nicht dran erinnern.
Ingo: Und das ist auch gut so, wenn du mich fragst.

Plötzlich betritt ein Mann in einem Anzug die Kneipe.

Mann: Ah, schön, die Herren sind alle noch da.
Hotte: Kennen wir uns?
Mann: Wie ich sehe, sind die Herren zu Scherzen aufgelegt. Prima! Die Koffer schon gepackt?
Achim: Welche Koffer denn?

Mann: Na, irgendwas werden Sie doch sicher mitnehmen wollen. Schließlich werden Sie sechs Monate weg sein.
Marco: Weg sein? Wohin?
Mann: Pipeline-Bau in China.

Er hebt einen Schnellhefter hoch.

Mann: Gestern Nacht haben Sie unterschrieben, wissen Sie nicht mehr? – Hier, Ihre Verträge.

Er legt ihnen die Verträge auf die Theke.

*****

Klar
hab' ich eine eigene
Meinung. Meine Frau hat
sie mir sogar extra auf einen
Zettel geschrieben.

Nicht nur unsere vier Mannsbilder erleben so manches Abenteuer an der Theke, auch in der Literatur hat dieser natürliche Lebensraum des Mannes seinen Widerhall gefunden. Die folgende kurze Erzählung des Autors Laabs Kowalski gewährt nicht nur einen tiefen Einblick in das Verhältnis von Männern untereinander, sondern zeigt darüber hinaus, was geschieht, wenn Männer beschließen, zusammenzuwohnen.

Das Grauen lauerte in der Studenten-WG

Als in unlängst in einer Gaststätte namens „Umbruch" auf der Zülpicher Straße verweilte, geriet ich, so wie man mit dem Schuh in Scheiße tritt, in ein Gespräch mit einem unansehnlichen Niemand, der die Tatsache, dass ich allein am Tresen saß, als Defizit missdeutete und daraus das Recht ableitete, mir ungefragt ein Ohr abzukauen.

Jan, wie der Niemandmensch hieß, berichtete über sein Studium und sein Leben in einer WG, und zwar so spritzig und geschmeidig wie ein Koma-Patient. Er studiere Sonderpädagogik, torpedierte er mich.

„Was soll's?", erwiderte ich. „Es gibt andere, die haben Krebs oder AIDS oder einen Blödmann neben sich hocken."

Unbeeindruckt quatschte er weiter, ohne zu erkennen, dass das Thema Studium für Nichtstudenten in etwa so aufregend ist wie die Lektüre eines Buchs über Basaltsteingewinnung in der Sächsischen Schweiz. Doch immerhin brachte Jan mich dazu, mich meiner eigenen frühen WG-

Tage zu entsinnen, mich an Zeiten zurückzuerinnern, als ich mehr Sex als warme Mahlzeiten hatte und wünschte, es sei umgekehrt.

Anfangs war mir diese gemeinschaftliche Wohn- und Lebensform durchaus attraktiv erschienen. Es war klar geregelt, wer wann mit Staubschippen dran war und dass man die Küche besser nicht betreten sollte, um die Testreihe, ob aus schmutzigem Geschirr neues Leben entstehen kann, nicht zu gefährden. Als wir dann wussten, dass unser Experiment von Erfolg gekrönt war, konnten wir die Küche dennoch nicht betreten. Erstens brauchte die Lebensform so etwas wie ihr eigenes Reich, zweitens war sie sehr aggressiv und hatte Reinhold bereits zweimal gebissen.

Doch die glückliche Zeit des harmonischen Miteinanders sollte nicht dauerhaft sein. Es begann damit, dass Reinhold aufgrund einer neuen Verletzung, die das Wesen ihm zugefügt hatte, als er versuchte, an das in der Küche deponierte Leergut zu kommen (um von dem Flaschenpfand Drogen kaufen zu können), für längere Zeit ins Krankenhaus musste. Statt seiner kam Tilmann aus Lemgo in unsere WG. Er besaß eine für damalige Verhältnisse unglaubliche Hifi-Anlage, das hatte den Ausschlag gegeben. Eine schreckliche Fehlentscheidung, wie sich bald herausstellen sollte, denn Tilmann erwies sich als Unsympath allererster Kajüte. Das äußerste sich zum Beispiel darin, dass er als einziger beim Essen darauf bestand, Besteck zu benutzen, was uns in Anbetracht kalter Eier-Ravioli als spießig erschien. Natürlich war es auch Tilmann, der uns darauf hinwies, dass die Seifenablage unserer Badewanne gar keine Ablage war, sondern ein Schmutzrand. Aber was anderes außer Pingeligkeit konnte man von einem erwarten, der sogar ein Bettlaken hatte. Und wie regte er sich auf, als es einmal voller Menstruationsblut war, nachdem ich mit Gesine auf seinem Bett Sex gehabt hatte. Als ob es meine Schuld gewesen wäre, dass sie ihre Tage bekam! Ich war mit ihrem Zyklus nicht vertraut. Schließlich war sie ja nicht mal meine Freundin – sondern seine.

Auch sonst neigte Tilmann zu hysterischem Verhalten. Einmal rastete er fast aus, nur weil seine Katze in der Diele lag. Das heißt, der größte Teil von ihr. Den Rest hatte sich der herrenlose Rottweiler einverleibt, den Thomas von der Straße mit nach oben brachte. Aber es war nicht der Hund, der in Tilmanns Bett gepinkelt hatte. Thomas hatte dem Tier nur gezeigt, wo es sich erleichtern kann.

Tilmann jedenfalls ging uns mit seinem ständigen Gegreine ziemlich auf die Nerven, sodass Thomas und ich drauf und dran waren, ihn auf die Straße zu setzen. Was auch geschehen wäre, hätte er nicht für uns alle die Miete gezahlt. Nein, sein Ende in der WG sollte sich anders vollziehen. Thomas und ich waren auf einer fünftägigen Sause (in Tilmanns Post, die wir allmorgendlich abfingen, hatte sich überraschenderweise Bargeld befunden, das seine Oma ihm schickte), als Tilmann beschloss, endlich mal die Küche bewohnbar zu machen. Die Lebensform, auf die er stieß – und die keineswegs das Endprodukt faulender Lebensmittelreste war, sondern Manfred hieß und, wie sich herausstellte, nach einer Party in der Küche einfach nur vergessen respektive eingeschlossen worden war –, zeigte sich rasend vor Wut und sann auf Rache. Die Lebensform (oder Manfred) hätte Tilmann gewisslich etwas angetan, wäre nicht in diesem Augenblick Reinhold aus dem Krankenhaus zurückgekehrt und hätte beide im Drogenrausch mit seinem Revolver niedergestreckt. Er glaubte, Einbrecher befänden sich in der Wohnung und wollten das kostbare Leergut mitgehen lassen.

Als ich aus meinem wehmütigen Erinnern erwachte, hockte Jan noch immer neben mir, deprimierend wie ein leeres Glas. Wutrot beschwerte er sich soeben über einen neuen Mitbewohner in seiner WG. Er habe ihn noch nie gesehen, weil er immer erst auftauche, wenn er, Jan, schon an der Uni sei, und bereits wieder saufen, wenn er, Jan, zurückkehre in die WG.

„Jedenfalls benutzt dieser Scheißkerl immer meine teuren Kashmir-Pullover, um seinem blöden Köter den Arsch abzuwischen!“, empörte sich Jan.

„Und du hast keinen Schimmer, wie der Typ aussieht, dem die Töle gehört?“, wollte ich wissen.

„Das ist es ja gerade!“, fuhr Jan in die Höhe. „Dieser Wichser gibt sich nicht zu erkennen.“

„Arschgeigen gibt es!“, bestätigte ich und schlug ihm tröstend auf die Schulter. Anders als er fühlte ich mich wohl in meiner neuen WG.

„Ach, übrigens“, sagte ich noch und wandte mich zum Gehen, „ich hab‘ meine Getränke auf dich schreiben lassen. Ist doch okay, oder nicht?“

Armer Jan, dachte ich, als ich bereits draußen auf der Straße stand. Aber immerhin wusste ich jetzt, wessen Pullover ich immer benutzte, um meinem degenerierten Pitbull den Hintern zu putzen.

(aus: „Der merkwürdige Mann im Café“, Killroy media Verlag)

Nach dem Essen, vor der Paarung brauchen Männer Flüssignahrung.

Echte Kerle sind inzwischen selten geworden. Hier und dort aber gibt es sie noch, zum Beispiel in der Rockerkneipe. Wanze, seines Zeichens Chef der „Devil Gods“, steht mit einem bulligen Typ namens Pöpel am Tresen. Im Hintergrund läuft kurioserweise Weise Musik von Sängerin Andrea Berg. Pöpel befühlt gerade die Jeans-Kutte des Rockerchefs.

Pöpel: Sag mal, Wanze, was ist denn mit deiner Kutte los? Die fühlt sich ja so flauschig an. Und sauber ist die auch.

Wanze: Ich hab' doch gerade meinen Sohn bei mir, ein totaler Versager. Der hat sogar `n Schulabschluss – Sven. Und der hat sie heimlich gewaschen und gebügelt.

Pöpel: Cool! Meinst du, der könnte meine auch mal waschen?

Wanze: Bist du bekloppt? Eine Kutte wird nicht gewaschen! Die ganzen Flecken darauf, die sind quasi dein Gedächtnis. – Hier, der Fleck auf deiner da – na, wie kam der dahin?

Pöpel: Currywurst, AC/DC-Konzert 1979 in der Dortmunder Westfalenhalle.

Wanze: Siehst du. Und meine Erinnerungen, die sind jetzt alle weg. Bloß weil ich einen Reinlichkeitsfanatiker habe als Sohn.

Pöpel: *(fühlt noch mal an der Kutte von Wanze)* Trotzdem. Fühlt sich irgendwie gut an.

Wanze: Du drehst doch am Rad! Wir sind Rocker! Wir sind brutal, ungewaschen, und wir hören laute, harte Musik!

Er stutzt und lauscht einen Moment.

Wanze: Sag mal, Pöpel, was läuft denn da gerade?

Pöpel: Andrea Berg. – Wir Jungs haben neulich miteinander gequatscht und haben festgestellt, wir mögen gar keine harte Musik. Bei Schlagern versteht man wenigstens die Texte. Außerdem hat Andrea Berg so was Verletzliches in der Stimme.

Wanze: *(irritiert)* Was?

Pöpel: Und meinen Spitznamen, Pöpel, den find' ich auch nicht gut. Deswegen hab' ich beschlossen, ich nenn' mich in Zukunft Chantalle.

Wanze: Wann hast du das beschlossen?

Pöpel: Als wir bei Yvonne zum Brunch waren.

Wanze: Hä? Welche Yvonne denn?

Pöpel: Na, Spacko. Der hat entschieden, dass er nicht Spacko heißen will, sondern lieber Yvonne. Und dann haben wir `ne Flasche Prosecco aufgemacht und ihn getauft.

Wanze: Prosecco?

Pöpel: Genau, denn um ehrlich zu sein: Bier mocht' ich eigentlich nie. Die Jungs übrigens auch nicht.

Wanze: *(schreit)* Ich bin nicht Präsi geworden, um einem Haufen Prosecco trinkender Tucken vorzustehen!

Pöpel: Tust du ja auch nicht. Wir haben uns einen neuen gewählt.

Wanze: Was? Wen?

Pöpel: Deinen Sohn.

Pöpel dreht sich um und deutet auf Sven, einen sehr weiblich wirkenden jungen Mann, der soeben an die Theke tritt.

Sven: Hallo, Papa! *(an Pöpel gewandt)* Hier, guck mal, Chantalle. Ich hab' Schnittmuster für unsere neuen Vereinsuniformen mitgebracht. Was hältst du von rosa?

Er breitet Schnittmuster auf der Theke aus.

Wanze: Jetzt hab' ich die Schnauze aber voll! Ihr seid doch alle plemplem!
Sven: Bitte, Papa, reg dich nicht auf!
Wanze: Ich will mich aber aufregen!

Wanze läuft wütend an der Theke entlang und fegt sämtliche Gläser und Aschenbecher herunter.

Wanze: *(schreit)* Rocker! In rosa! Ich glaube, es hackt! Ihr seid doch alle geisteskrank!
Pöpel: Ist ja gut, ist ja gut! Was schlägst du denn vor?
Wanze: Mint! Mint ist die Farbe der Saison! Mint!

****

Ein Tag im Leben eines Mannes, wie er sein sollte

• • • • • •

Neben Heidi Klum aufgewacht und ihr gesagt, sie soll sich verziehen. Anschließend gefrühstückt und eine Hydra erwürgt. Gegen zehn Uhr dann, nur so zum Spaß, die Büchse der Pandora geöffnet. Auf dem Weg zum Supermarkt einen Bankräuber gestellt und der Polizei übergeben. Mittags dann für eine halbe Stunde die Welt aus den Angeln gehoben – Training muss sein.

Von 14.30 Uhr bis 14.45 Uhr einen Weltbestseller geschrieben (über eine junge Frau, die sich in einen Dorsch verliebt). Danach in mein Labor gegangen und ein Serum gegen Krebs entdeckt. Allerdings gefiel mir die Farbe nicht recht, weshalb ich es ins Klo geschüttet habe.

Anschließend zur Entspannung den K2 bestiegen, erstmals mit einem gut bestückten Bücherregal. Später im Tal die nepalesische Fußballnationalelf trainiert und ad hoc für die nächste WM qualifiziert. Zu Hause auf dem AB ein Anruf von einer verzweifelten Heidi. Sie hätte sich unsterblich in mich verliebt. Dann klingelte es, und Angelina Jolie kam wie verabredet vorbei, um mir den Nacken zu kraulen und meine Villa zu putzen. Heulte mir wieder mal die Ohren voll, sie hätte sich unsterblich in mich verliebt.

Zur Entspannung noch meine Nobelpreis-Medaillen geputzt und für Frau Merkel international ein wenig vermittelt. Ohne mich käme die Gute ja gar nicht zurecht. Fühle mich wie immer unterfordert und kann nur hoffen, der morgige Tag wird etwas spannender sein.

Wer gut über die Runden kommt, hat auch bei den Schlanken keine Probleme.

Viele Erfindungen, die gemacht worden sind, haben zu einer Verschlechterung männlicher Lebensbedingungen geführt, so zum Beispiel der aufrechte Gang, das Vorspiel oder die Ehe. Gerade letztere stellt für den ungebundenen Geist eines Mannes eine Form der Käfighaltung dar, die ihm ebenso wenig zusagt wie einem Raubtier vegetarische Ernährung. Die Ehe ist ihm wesensfremd, und ein Mann fürchtet sie daher genauso wie Impotenz, PS-arme Autos oder ein gutes Gespräch. Kein Wunder also, dass es in der Ehe zwischen Mann und Frau Probleme gibt. Manchmal sind diese Probleme aber auch eher ungewöhnlicher Natur wie im Falle von Achim. Seine Freunde Hotte, Marco und Ingo wollen jedenfalls zunächst ihren Ohren nicht trauen, und obwohl sie normalerweise einhellig die Meinung vertreten, ein gut ausgeführter Genickschuss könnte bei Achims Frau zu positiven Veränderungen führen, raten sie ihm dieses Mal ausdrücklich zur Versöhnung.

Die Mannsbilder in:

Eheprobleme

Wieder einmal befinden wir uns in der gemütlichen Kneipe von Hotte, wo Ingo und Marco bereits an der Theke sitzen.

Ingo: Ich hab' gestern meine Wohnung entschlammt, und wisst ihr, was ich unter dem Sofa gefunden habe?

Hotte: Lass mich raten: einen abgelaufenen Joghurt, und der hat trotzdem noch „super" geschmeckt?

Ingo: Ja, auch. Aber daneben lag noch diese Kassette …

Er legt eine Videokassette aus einer Leihvideothek auf den Tresen.

Ingo: Weiß gar nicht mehr, wann ich mir die ausgeliehen hab'. Ob ich da viel nachzahlen muss?

Marco schaut in die Hülle.

Marco: Uh, ich glaub', das wird nicht billig.

Er hält Ingo die Kassette hin. Ingo erschrickt.

Ingo: Stimmt, ich hab' sie nicht zurückgespult.
Marco: Das auch. Und ausgeliehen hast du sie 1997!

Ingo macht große Augen, dann versucht er krampfhaft, die Kassette mit der Hand zurückzuspulen. Da betritt Achim sehr lethargisch die Kneipe und setzt sich wortlos an die Theke.

Hotte: (*ironisch*) Auch wir wünschen dir einen wunderschönen Abend, Achim!

Achim reagiert nicht.

Teilnahmslos schüttelt Achim den Kopf.

Hotte: Oder hat Florian Silbereisen noch immer nicht auf deinen Brief mit den Gedichten reagiert?
Achim: Schlimmer! Veronika und ich haben uns gestritten, und jetzt ist Schluss! Aus! Finito! Sie will sich von mir trennen.

Er bricht in Tränen aus. Ingo zeigt verständnislos auf seine Kassette.

Ingo: Das nennst du Probleme? Schau dir lieber das hier an.

Marco: (*zu Achim*) Na komm, das ist doch kein Grund zu heulen. Im Gegenteil, das muss gefeiert werden!

Hotte stellt Achim ein Bier hin.

Hotte: Jetzt trinkst du erst mal was. Du hast ja noch nicht mal dein Babyphon eingeschaltet.

Achim nimmt das Babyphon und schaltet es ein.

Marco: Genau, trink erst mal einen: Ist wahrscheinlich alles halb so schlimm …

Achim: Meint ihr?

Hotte: Na klar, das kommt alles wieder in die Reihe!

Achim: Wahrscheinlich habt ihr Recht ...

Er nickt und trinkt einen Schluck. Da ertönt aus dem Babyphon Säuglingsgeschrei und kurz darauf Veronicas Stimme.

Veronica: Ist ja gut, mein Kleiner. Irgendwie werden wir zwei es auch ohne deinen Papa schaffen. Dann isst dir auch keiner mehr nachts den Möhrenbrei weg.

Achim verschluckt sich und bricht erneut in Tränen aus.

Ingo: Nein, bitte, nicht wieder weinen! Möhrenbrei kriegt man bestimmt auch woanders.

Hotte: Jetzt mehr mal im Ernst, Achim, was ist los mit deiner Frau und dir?

Marco: Tote Hose im Bett?

Achim: Nee, das ist es nicht. Unser Sexleben ist eigentlich okay.

Hotte: Eigentlich? Was heißt das?

Marco: Genau. Wie oft macht ihr es denn noch?

Achim: Nicht mehr so oft wie früher, aber im Durchschnitt immer noch zweimal.

Ingo: Im Monat oder im Quartal?

Achim: Was? – Nein, ich meinte am Tag.

Hotte, Marco und Ingo schauen sich an.

Marco: Unser Achim! Hat ein Sexleben wie ein Pornofilmstar.

Hotte: Alle Achtung, mein Freund! – Und wo ist jetzt das Problem?

Ingo: Verlangt sie vielleicht was von dir, was du ekelig findest?

Marco: Genau, will sie, dass du „Ich liebe dich“ sagst?

Hotte schüttelt sich.

Hotte: Hör auf, Marco! Mir wird schon von der Vorstellung schlecht. Welche Frau würde denn so was verlangen? Das ist doch pervers!

Achim: Nein, es ist … es geht um … ich weiß nicht, wie ich's sagen soll.

Marco: Na, komm, spuck's aus! Uns kannst du's doch erzählen.

Hotte: Mit deinem … Penis!? Ist irgendwas nicht in Ordnung mit ihm?

Achim: Doch, eigentlich schon.

Marco: Mein Gott, ich weiß, was du uns sagen willst: Er ist ihr zu klein!

Hotte: Das ist allerdings ein Problem.

Ingo: Fast so schlimm, wie Leute, die ihren Müll nicht richtig trennen.

Marco: Wie gut, dass ich das nicht habe. Mit mir waren bislang immer noch alle zufrieden.

Ingo: Das freut mich. Mülltrennen ist eine wichtige Sache.

Marco: Nein, ich meinte, was die Größe betrifft, waren alle zufrieden mit mir.

Hotte: Und zwar mit beiden Zentimetern, hat mir Marco erzählt.

Marco: Sehr witzig, Hotte, haha! Achims Penis ist zu klein, und du reißt blöde Witze.

Achim: Nein, nicht zu klein. Er ist zu groß. Jedenfalls mir. Und deshalb will ich ihn verkleinern lassen.

Achims Freunde schauen ihn ungläubig an.

Achim: Na ja, das ist halt unpraktisch, dass er so groß ist. Und jetzt hat Veronica Angst, dass sie nach einer Verkleinerung vielleicht keine multiplen Orgasmen mehr hat.

Wieder schauen ihn Marco, Hotte und Ingo ungläubig an.

Hotte: Sie hat multiple Orgasmen?
Marco: Ich dachte immer, die wären nur eine Legende – so wie der Osterhase, der Weihnachtsmann oder Männer, die im Haushalt helfen.
Hotte: Also, ich kann das alles gar nicht glauben. – Wie groß ist denn dein bestes Stück?
Achim: Keine Ahnung, ich hab' noch nie gemessen.
Marco: Na, dann wird es aber Zeit. – Hotte, gib mal 'n Lineal!
Achim: Ihr glaubt doch nicht, dass ich jetzt hier für euch nachmessen werde.
Marco: Also, ich glaub' das sowieso nicht. Nichts für ungut, Achim, aber du siehst mir nicht grad wie ein Superlover aus.
Ingo: Komm, Butter bei die Fische!
Marco: Genau, geh' mal mit Ingo aufs Klo. Da stört euch keiner. Und setz deine Brille auf, Ingo, das wird wahrscheinlich Milimeterarbeit.

Hotte reicht Ingo ein Lineal.

Hotte: Na, was ist, Achim? Geh schon mit. Es gibt drei Dinge, über die ein Mann Bescheid wissen muss: Wo in der Stadt Radarfallen stehen …
Ingo: … wie hoch er einen Deckel machen darf …
Marco: … und wie lang sein Penis ist.

Ingo zieht Achim hinter sich her. Hotte und Marco bleiben zurück.

Marco: Wahrscheinlich pure Übertreibung.

Hotte: Und wenn nicht?

Marco: Dann zieh' ich mich nackt aus und spendier' 'ne Flasche Champus. Jeder andere, aber nicht Achim. Das wär' ja so, als ob ein Fiat Uno mit einem Ferrari-Motor ausgestattet wär'. So was lässt die Evolution einfach nicht zu.

Die Toilettentür öffnet sich, und Ingo schaut heraus.

Ingo: Hotte, hast du noch 'n anderes Lineal? Das hier ist zu kurz.

Hotte: (*zu Marco*) Zieh dich schon mal aus, ich hol' den Champagner.

Kurze Zeit später. Alle vier stehen wieder zusammen vereint am Tresen und prosten mit Champagnergläsern an.

Hotte: Auf, Achim!

Ingo: Auch die Python genannt.

Marco: Prost! (*zu Achim*) Auch wenn ich das Prickelwasser zahlen muss: Achim, ich bin stolz auf dich!

Hotte: Und das du mir ja nicht zum Arzt gehst, um dir deine Wunderwaffe verkleinern zu lassen!

Achim: Meint ihr wirklich?

Hotte: Klar. Davon was wegzuschnippeln wäre so, als würde ich das Bier nur noch in Fingerhüten ausschenken. So was macht man einfach nicht.

Marco: Ich an Stelle deiner Frau würde auch ziemlich sauer reagieren.

Hotte: Am besten, du gehst hoch und versöhnst dich mit ihr.

Ingo: Hier …

Er reicht Achim die Videokassette.

Ingo: … guckt euch den Film zusammen an.
Achim: Was is'n das für einer?
Marco: Einer, der wie gemacht ist für dich.
Achim: Peter Pan? Huibuh, das Schlossgespenst? Susi und Strolchi?

*****

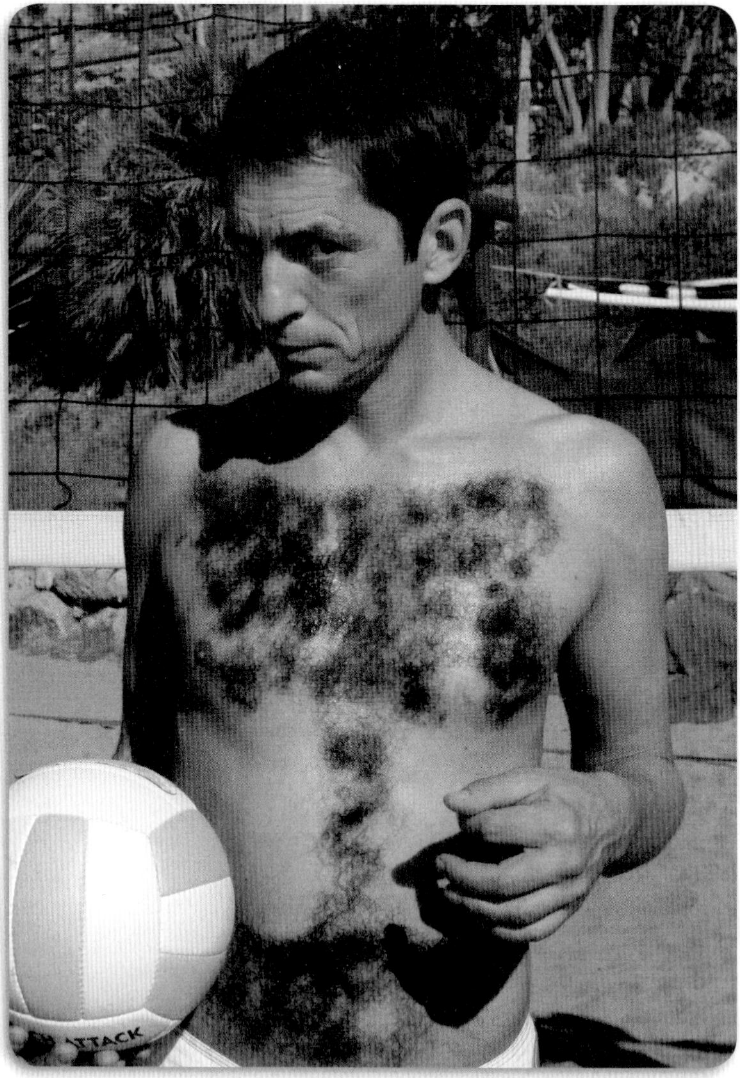

Schauspieler Stefan Gebelhoff (Bildmitte) in der Neuverfilmung des Musicals „Hair"?

Neben der Kneipentheke gibt es noch einen zweiten natürlichen Lebensraum des Mannes – **den Baumarkt**. Der Besuch eines Baumarkts ist für einen Mann so etwas wie die Rückkehr in das Paradies. Doch leider kommt es dort neuerdings immer wieder zu unschönen Szenen. Der Grund: weibliches Fachpersonal, das seit einigen Jahren dort beschäftigt ist und in den Augen eines Mannes in einem Baumarkt genauso viel zu suchen hat wie fettarmes Essen in der Firmenkantine. Auch Peter W. aus G. ist dieser Meinung, und so kommt es an dem Ort, der eigentlich Männern vorbehalten ist, zu folgender Szene …

Peter W. betritt den Baumarkt in seinem alten, heißgeliebten Blaumann, den er trägt, solange er denken kann. Aus den versteckten Lautsprechern rieseln Werbeangebote auf ihn ein:

„Ihr Seismogel-Baumarkt bietet Ihnen auch diese Woche wieder top-aktuelle Angebote zu extrem günstigen Preisen. Sind auch Sie es leid, Ihre Küche immer noch selbst zu verschmutzen? Dann holen Sie sich den vollautomatischen AEP-Allround-Küchenverschmutzer für superniedrige 599 Euro. Lehnen Sie sich zurück und schauen Sie zu, wie der Schmutz ganz von alleine kommt."

Doch Peter W. ist wegen etwas anderem gekommen. Zielsicher steuert er auf eine Verkaufstheke zu, hinter der sich zu seiner Verwunderung etwas befindet, das er eindeutig als weiblich erkennt.

Verkäuferin: Kann ich Ihnen helfen?
Peter W.: Eher nicht. Gibt's hier keinen mit Ahnung – einen männlichen Verkäufer?
Verkäuferin: Ich fürchte nein.
Peter W.: Na super! – Ich brauch' 'ne Muffe. Sie wissen, was das ist?
Verkäuferin: Klar. Was für eine brauchen Sie denn?
Peter W.: Mein Gott, `ne ganz normale Muffe halt. Für'n

Schlauch hinten an der Waschmaschine.

Verkäuferin: Drei Zoll, viereinhalb Zoll oder fünf Zoll? Eine Spleiz-, Senk-, Schraub- oder Überdruckmuffe? Oder soll es eine geflanschte Nudmuffe mit Kardiummantel zum Doppelflinschen sein?

Peter W.: Was? – Eine Muffe! Für den Schlauch hinten an der Waschmaschine. Drück' ich mich so undeutlich aus?

Verkäuferin: Nein. Es ist nur, wenn Sie zum Beispiel eine viereinhalb Zoll Ringspleizmuffe auf einen fünf Zoll Senkdrifter montieren oder eine Doppelflischschraubüberdruckmuffe auf einen 3er Pollermuffenrohrschlauch, dann sollten Sie die Schwimmflügelchen gleich mitkaufen, denn dann ist zu Hause in absehbarer Zeit Land unter, wenn Sie wissen, was ich meine.

Peter W.: (*verwirrt*) Ja, nee, ist klar. Deswegen will ich ja auch nicht diese Dings … diese Senkringspleizmanteldingsmuffe, sondern diese andere … diese … diese …

Verkäuferin: Zwei-Zoll-Flansch-Überdruck-Doppelschellenmuffe mit integriertem Polventil.

Peter W.: Sag' ich doch die ganze Zeit. Haben Sie die da?

Verkäuferin: Haben wir.

Sie legt etwas sehr Kleines auf den Tisch, das einem Haargummi nicht unähnlich sieht.

Peter W.: Warum nicht gleich so? Die nehm' ich.

Verkäuferin: Gern. Macht dann 128,95. Da vorn an der Kasse bezahlen.

Peter W. nimmt das kleine Teil und geht in Richtung Kasse.

Peter W.: Junge, Junge, war die schwer von Begriff. Ist doch klar, dass man für die Waschmaschine `ne Dingensdingsmuffe braucht und nicht diese andere … diese Dingsmuffe da.

Kaum dass er verschwunden ist, wendet sich eine Kollegin an die Verkäuferin, die Peter W. bediente.

Kollegin: Ärger mit dem blöden Macho-Sack gehabt?

Verkäuferin: Nö, war kein Problem. Und mein altes Haargummi, das hab' ich ihm auch noch angedreht.

*****

Sean Connery machte es vor: Erst im Alter werden Männer attraktiv.

10 Bücher, die jeder Mann gelesen haben sollte

1. Frans G. Bengtson – Die Abenteuer des Röde Orm

Wikinger Röde Orm tut, was Männern Spaß bereitet: Er geht auf Abenteuerfahrt, plündert ein bisschen, verbreitet fröhlich Angst und Schrecken und kehrt schließlich als gemachter Mann nach Hause zurück. Eine Geschichte aus jenen Tagen, als die Welt noch gut und richtig war. Das Buch wurde unter dem Titel „Raubzug der Wikinger" mit Richard Widmark in der Hauptrolle verfilmt.

2. Pierre Mérot – Säugetiere

Ein Buch über die Psychologie des Trinkens, die ewige und vergebliche Jagd nach den Frauen und das männliche Scheitern. Insbesondere, warum die Kneipe etwas so Anziehendes auf Männer ausübt, wird akribisch und anschaulich erklärt: „Was ist eine Kneipe, die bis spät in der Nacht geöffnet hat? Oder genauer: Was ist eine Kneipe im Viertel, die bis spät in der Nacht geöffnet hat? Es ist ein Lokal, das man regelmäßig aufsucht, weil es einem schlecht geht, und wo man sieht, dass es anderen noch schlechter geht."

Motto: Die Ausgehungerten, die Zukurzgekommenen, erkennen sich schnell.

3. Marek van der Jagt – Monogam

Ein kleines Buch über die Liebe aus männlicher Sicht, vollgestopft mit Weisheiten, die jeder Mann beherzigen sollte: „All meine Eroberungen hatten ausnahmslos beim ersten Treffen den Eindruck erweckt, als gehörten sie zu den Starken, Unantastbaren, die straflos alle Tabus brechen. Doch jedes Mal zerfiel der Mensch vor meinen Augen. Ein bisschen Genuss, ein wenig Intimität, eine Handvoll Illusionen (...), und schon sitzt, wo einst die Geliebte saß, ein Pflegefall. (...) Was sie anzog, war meine Kraft, im Leben scheinbar niemand anderen zu brauchen."

Fazit dieses Essays: Der Mann an sich ist monogam, und zwar am besten sich selbst gegenüber.

4. Janosch – Cholonek oder Der liebe Gott aus Lehm

Den meisten dürfte Janosch nur als Kinderbuchautor und –illustrator ein Begriff sein, als der Mann, der die Tigerente erfand. Doch darüber hinaus ist er auch der Verfasser dieses wunderbaren Romans, in dem das Leben munter Purzelbäume schlägt. Alles, was man über die Wesensform Mensch und sein Verhalten wissen muss, ist hier ebenso traurig wie großartig komisch niedergeschrieben: Alkoholismus, Sexsucht, Neid, Verrat und fröhliche Verkommenheit. Und natürlich wird auch das Verhältnis von Mann und Frau nicht ausgespart:

„Der Stanik sagte immer: ‚Das sind doch keine Leute, die ihre Frauen hauen! Das wirst du bei mir nicht erleben! Bloß, weißt du, wenn ich was getrunken habe, kann ich mich an nichts erinnern.' Und er haute sie nie. Außer, wenn sie es verdiente, wenn sie ihm Vorhaltungen machte, weil er das Geld versoffen hatte. Aber das kam nicht oft vor, höchstens zwei-, dreimal die Woche."

5. Stefan Wimmer – Der König von Mexiko

Die Geschichte eines jungen Mannes, der nach Mexiko geht, um dort zu studieren, und stattdessen mit seinen abgehalfterten Freunden in noch abgehalfterteren Cantinas Tequilaflaschen leert, bis er sich in eine junge Frau aus der Oberschicht verliebt, wodurch es erst einmal vorbei ist mit der Tagedieberei. Zum Glück hat der Held ein Einsehen mit sich selbst und kehrt wieder dorthin zurück, wo es behaglich ist: in die Cantinas von Mexiko-City.

6. Brigitte Röthlein – Schrödingers Katze (= Einführung in die Quantenphysik)

Schon immer wollten insbesondere Männer wissen, was die Welt im Innersten zusammenhält. In „Schrödingers Katze“ wird genau dies von einer Frau erklärt. Nachvollziehbar und verständlich erläutert die Autorin die Heisenberg'sche Unschärfetheorie, die String-Theorie und natürlich das Experiment um Schrödingers Katze und was es damit auf sich hat.

7. Issac B. Singer – König der Felder

In dem Roman um Krol Rudy, dem roten König aus der Hohen Tatra, der das Land roden lässt und schließlich die Zivilisation zu den von ihm unterworfenen Jägern und Sammlern bringt, stellt der Nobelpreisträger Issac B. Singer das Universelle im Menschen dar und erzählt vom ewig Wahren – in einer Sprache, die sich anfühlt, als sei sie für alle Ewigkeiten in Fels gemeißelt worden. Und so finden sich in diesem Buch Passagen wie diese:

„Der Mensch lebt ein paar Jahre, dann ist er für immer tot. Der Mensch lebt in Furcht und Schrecken: Jemand könnte ihn töten, er könnte krank werden, sein Weib könnte ihn betrügen, seine Kinder könnten ertrinken, sein Haus könnte niederbrennen, er könnte sich ein Bein brechen. Aber die Flüsse und Berge und Bäume ängstigen sich nie. Sie sind Gott, nicht irgend jemand, der droben am Himmel sitzt und sagt: ‚Du sollst kein Schweinefleisch essen, du sollst Kosoka nicht beiwohnen!'“

8. T.C. Boyle – Grün ist die Hoffnung

Um das schnelle Geld zu machen, legt der Held dieses Buches mitten in den kalifornischen Bergen mit Freunden ein geheimes Marihuanafeld an. Unglücklicherweise geht schief, was irgend schief gehen kann: Überflutungen, Feuersbrünste und andere Katastrophen sorgen dafür, dass der Traum vom baldigen Reichtum recht schnell ausgeträumt ist. Doch der Protagonist lässt sich nicht unterkriegen.

9. Morrison Lewis – Das Fanal des James Peterson Floyd

Ein harter Krimi für wirklich harte Kerle, der durch eine Fülle überraschender Wendungen und famos-sympathische Figuren besticht. Hauptakteur ist der ehemalige Sumo-Ringer und jetzige Privatdetektiv Joe Dess, der von dem mächtigen Plattenboss McCullum angeheuert wird, den Mörder seiner Tochter zu finden. Dess zur Seite steht die nicht minder korpulente Profilerin Lilith Chairman, die wie ein Hurrikan durch ein dunkles und morbides Los Angeles fegt. Neben Spannung pur bietet der Roman nicht nur jede Menge Komik, sondern auch Begegnungen mit berühmten Rockstars, auf die es ein bösartiger, perverser Killer abgesehen hat.

10. Die Bibel

Ein Buch von Männern für Männer! Schon Mark Twain schrieb: „In der Bibel finden sich Werke edler Dichtkunst, so manch kluge Fabel, einige von Blut durchtränkte Geschichten, eine Fülle Obszönitäten und mehr als tausend Lügen.“ Außerdem hat das Buch der Bücher auch jede Menge Komik zu bieten. Ein Beispiel gefällig?

Buch der Könige 2; 2,23:
Von Jericho ging Elischa ins Gebirge hinauf nach Bet-El. Und als er auf dem Weg hinanging, kamen Knaben und riefen: „Komm herauf, Glatzkopf! Lauf schneller, Glatzkopf!“ Und Elischa drehte sich zu ihnen, sah sie scharf an und verfluchte sie im Namen des Herrn. Im selben Augenblick kamen zwei Bären aus dem Gebüsch und zerrissen zweiundvierzig der Knaben.

10 Bücher für Männer, die dringend noch geschrieben werden müssen

1. 1000 Cocktails, die sofort besoffen machen

2. Mikrowelle für Dummies – Wie man sie öffnet, wie man sie bedient

3. Attraktiver durch Bierbauch – So legen Sie sich einen zu

4. Wie man seine Frau ermordet und anschließend trotzdem zwei warme Mahlzeiten täglich bekommt

5. Spiele Ping-Pong nie mit offenem Mund oder Wie man Gefahren vermeidet und 100 Jahre alt wird

6. Figurenpinkeln vom Beckenrand – Tipps & Tricks, die selbst der Bademeister noch nicht kennt

7. Die 100 verkommensten Kneipen der Welt – Wie man hinkommt und für immer bleibt

8. Harem gründen leicht gemacht

9. Wie man Krokodile erwürgt, König der Welt wird und sich Respekt bei seiner Frau verschafft

10. Sex – so lässt er sich vermeiden

Privat ganz anders: Kardinal Josef Hirschinger am „Ballermann“ nach durchzechter Party-Nacht.

Obwohl ein Mann Ihnen wahrscheinlich eher seine Frau als seinen Wagen leihen wird, reagiert er bisweilen empfindlich, wenn ihn der Verdacht anspringt, seine Gattin könnte ihn betrügen. Egal, wie behaart oder schnippisch seine Frau auch sein mag, plötzlich pocht er mit Nachdruck darauf, dass sie ihm ganz allein gehöre und gefälligst treu zu sein habe. Schlimmer wird es nur noch, wenn er glaubt, andere Männer interessierten sich nicht für seine Frau und fänden sie vielleicht nicht attraktiv. Am schlimmsten aber ist es, wenn beide Verdachtsmomente auf einmal in Erscheinung treten.

Die Mannsbilder in:

Achims Frau geht fremd

Wieder einmal befinden wir uns in der Kneipe von Hotte, der gerade seine Post durchsieht. Während er sich mit Marco und Ingo unterhält, sitzt Achim vor dem Babyphon und lauscht.

Hotte: Unglaublich, nichts als Rechnungen.
Ingo: Kenn' ich. Außer Mahnungen ist nie was in der Post.
Marco: Echt jetzt? Ich krieg' immer Dankesschreiben. Hunderte von Frauen danken mir, weil ...
Hotte: ... du sie zurück in die Arme ihrer Männer treibst?

Achim schaut auf und zischt sie an.

Könnt ihr mal ruhig sein? Ich versteh' überhaupt nichts.

Hotte: Was willst du mit dem Babyphon?

	Ich dachte, deine Frau hat den Balg zu ihrer Mutter gebracht.
Achim:	Hat sie ja auch.
Ingo:	Ah, verstehe. Du willst nur hören, ob sie das Kind nicht doch vergessen hat?
Marco:	Quatsch! Frauen vergessen nie ihre Kinder, höchstens die Pille. Das ist ja das Problem.
Hotte:	Also, Achim, was ist los?
Achim:	Ich glaube, meine Frau geht fremd.

Die drei anderen sehen ihn zunächst sprachlos an und beginnen dann zu lachen.

Marco:	Ach, komm, Achim! Jetzt mal im Ernst.
Achim:	Und warum hat sie dann Lukas zu ihrer Mutter gebracht?
Hotte:	Hätte ich sofort nach der Geburt getan.
Achim:	Und warum hat sie mir freiwillig fünfzig Euro gegeben und mich runter in die Kneipe geschickt?
Ingo:	Damit du endlich mal \`ne Runde schmeißt.
Achim:	Und was ist das hier? Hier!? Hab\` ich beim Wäschemachen in ihrer Hosentasche entdeckt.

Er schiebt einen Zettel über die Theke. Marco liest vor.

Marco: „Jan, Freitag 19 Uhr 30."

Geschockte Reaktionen.

Achim: Wisst ihr, was das bedeutet?

Ingo schaut auf seine Uhr.

Ingo: Entweder ist er spät dran, oder meine Uhr geht verkehrt.

Marco: Sorry, Achim, aber wie kannst du auch nur eine Sekunde daran glauben, dass irgend jemand mit deiner Frau ... also freiwillig, mein' ich ... na, du weißt schon, was ich meine.

Ingo: Vielleicht hat der Typ `ne Wette verloren ...

Marco: Hallo? Was für `ne arme Sau!

Achim: Was soll das heißen!?

Achim starrt ihn feindselig an.

Hotte: Ähm, ich wollte sagen: Ich weiß auch nicht, was Marco damit meint.

Achim: Wollt ihr hier andeuten, mit meiner Frau will niemand fremdgehen?

Marco: Nein, nein, nein, nein …! – Ja!

Achim: Was!?

Hotte: Du musst zugeben, sie ist nicht gerade eine Traumfrau, also … für dich vielleicht.

Marco: Ihr zwei seid ja auch aneinander gewöhnt, so wie Jacke und Hose, Dick oder Doof …

Ingo: … oder feuchter Toast und Schimmel!

Alle schauen Ingo zweifelnd an.

Ingo: Ihr gehört auf jeden Fall zusammen!

Marco: Du magst es eben, wie sie aussieht.

Hotte: Zum Glück ist auch eure Wohnung nicht so hell.

Achim: Ihr seid ja nur neidisch. Veronika ist eine tolle Frau!

Ein muskulöser, gutaussehender Mann, kommt herein: Jan.

Jan: Entschuldigung, das ist hier doch die Gebelstraße 7, oder?

Hotte: Ja.

Jan: Komisch. Wohnt hier zufällig irgendwo eine Veronika?

Alle erstarren – außer Achim, der sich freut.

Achim: Die wohnt hier oben drüber, zweiter Stock!

Jan: Danke.

Er geht.

Achim: (*stolz*) Und ihr dachtet, keiner will was von meiner Frau, und genau da kommt einer! Und was für einer, habt ihr gesehen? – Oh …!

Endlich kapiert er die Situation und springt auf. Ingo versucht ihn aufzuhalten, aber Achim rennt Jan hinterher.

Hotte: Keine Panik, der ist schnell wieder hier.

Achim kommt tatsächlich wieder rein und schaut sich suchend um.

Achim: Das Babyphon …

Hotte hält es hoch.

Hotte: Sag' ich doch.

Reaktion der anderen. Achim nimmt das Babyphon und will hinaus, während Marco und Ingo versuchen, ihn zurückzuhalten.

Achim: Lasst mich! – Ich will gar nicht daran denken, was dieser Kerl jetzt mit meiner Frau treibt!

Hotte: Jetzt warte doch mal ab. Du hast doch noch überhaupt keine Beweise.

Marco: Wenn du jetzt hochrennst, ist noch gar nichts passiert, und sie kann alles abstreiten.

Hotte: Cool bleiben!

Ingo: Warte lieber, bis sie nackt sind und sich und mit heißem Öl einreiben …

Achim versucht einen neuen Anlauf – Marco hält ihn auf.

Marco: ... und dann gehst du hoch und erwischst die beiden inflagranti.

Ingo: Heißt das nicht in Fellatio?

Hotte: Ist was anderes, läuft aber aufs selbe raus.

Achim versucht, sich zu beruhigen. Leichter gesagt als getan. Von oben sind seltsame Geräusche zu hören. Alle schauen zur Decke.

Hotte: Beruhig dich! Das muss alles gar nichts bedeuten. – Da, jetzt ist es wieder still.
Ingo: Jetzt kommt nämlich das heiße Öl.
Marco: Ingo!!

Achim springt auf und rennt, bevor ihn jemand aufhalten kann, zur Tür. Hotte hält ihm ein Bier hin.

Hotte: Trink noch schnell ein Bier!
Achim: Um mir Mut anzutrinken?
Hotte: Das wird dir nichts nutzen. Aber mit einer Bierfahne hast du wenigstens eine männliche Eigenschaft!

Reaktion Achim. Er geht raus. Die anderen lachen.

Hotte: Wer hätte gedacht, dass es tatsächlich `nen Kerl gibt, der freiwillig mit Achims Frau in die Kiste springt!
Ingo: Ich würd' zu gern wissen, was da oben jetzt abgeht ...
Marco: Gar nichts. Der Achim verfällt in eine Schockstarre, sobald der sieht, wie es seine Frau mit einem anderen treibt.
Hotte: Weil er so ein Weichei ist?
Marco: Weil es eine ganz normale menschliche Schutzreaktion ist. –Macht mal die Augen zu!

Hotte und Ingo schließen die Augen.

Marco: Und jetzt stellt euch Achims Frau vor.

Hotte und Ingo stellen sich Achims Frau vor.

Marco: Und jetzt nackt!

Den beiden läuft ein Schauder über den Rücken.

Marco: Und jetzt beim Sex!

Hotte und Ingo öffnen die Augen und greifen geschockt nach ihrem Bier. Dann steht Ingo auf und geht auf die Toilette.

Ingo: Das hält ja keiner aus. Da dreht sich einem ja der Magen um ...

In diesem Augenblick geht die Tür auf und Achim kehrt zurück.

Hotte: Achim!!
Marco: Was ist passiert?
Hotte: Wer war der Typ?
Marco: Hat er deine Frau überlebt?
Achim: Ja, nee … lustige Geschichte. Dieser Typ ist Veronikas neuer persönlicher Fitnesstrainer. Anscheinend hat sie in den letzten zwei Monaten schon fünfzehn Kilo abgenommen.
Hotte: Und das ist dir nicht aufgefallen?
Achim: Die trägt doch immer diese weiten Klamotten …
Marco: Erinner' mich nicht daran. Aber ich hab' doch sofort gesagt: Kein Mann steht auf deine Frau!
Achim: Ach ja? Und was ist mit mir?
Hotte: Wir reden hier von Männern!

Ingo kommt wieder herein. In der Hand hält er einen Flyer für Fitnesstraining.

Ingo: Guckt mal, was ich auf dem Klo gefunden habe!
Hotte: Doch nicht etwa deinen Verstand?
Ingo: Hier. – Von dem Typen, der nach Achims Frau gefragt hat.

Er hält den Flyer hoch. Achim zeigt darauf.

Achim: Seht ihr? Fitnesstraining. Jedenfalls hab' ich da wohl total überreagiert.

Ingo dreht den Zettel rum. Darauf steht: „Neuer Kurs: Kamasutra für Sie".

Ingo: He, der trainiert auch Kamasutra. Ist das so was in der Art wie Zirkeltraining?

Alle starren geschockt auf den Flyer. Im selben Moment sind von oben Stöhnen und rhythmische Geräusche zu hören.

Ingo: Besser als jede Diät.
Marco: Nur nicht so leise.
Hotte: He, wo rennt Achim denn hin?

*****

10 Dinge, die Männer bei Frauen als störend empfinden

1. Sie atmen.

2. Ihr IQ ist höher als zehn.

3. Sie werden Fußballweltmeister.

4. Sie tragen Kleidung.

5. Sie finden es unromantisch, nur weil man nicht zur eigenen Hochzeit erscheint.

6. Sie kennen Wörter, die aus mehr als zwei Silben bestehen

7. Sie geben ihr Geld für so unnützes Zeug wie Kosmetika, Friseurtermine und Altersvorsorge aus, anstatt für sinnvolle Dinge wie protzige Autos, Puffbesuche und Schnaps.

8. Sie haben Brüste, die sie jederzeit anfassen dürfen.

9. Sie suchen einen Neuwagen nicht nach der Motorleistung, sondern passend zur Farbe ihrer Handtasche aus.

10. Sie leben gesünder, werden aber trotzdem älter als Männer.

Oliver Dupont mit seiner Sonnenbrillensammlung.

Im Leben eines Mannes gibt es immer wieder Augenblicke, die von ihm als unangenehm wahrgenommen werden: Die Erdnussflips sind alle, die sexy schwarzen Strümpfe des One-Night-Stands stellen sich als naturgegebene Beinbehaarung heraus, oder es droht eine Vaterschaftsklage. Während ein Mann sich vielleicht mit den ersten zwei Fällen noch abfinden kann, stellt letzterer etwas wirklich Schlimmes und Erschreckendes dar. Nur eine Niederlage seines Fußballvereins im entscheidenden Meisterschaftsspiel könnte noch schrecklicher sein.

Die Mannsbilder in:

Die verlorene Tochter

Hottes Kneipe ist halbwegs gefüllt; wie immer steht er hinter der Theke und Ingo, Marco und Achim davor. Jeder von ihnen hat ein Bier vor sich stehen.

Marco: Bier – die kühle blonde Versuchung.
Ingo: Bier – der ... Bier!

Sie trinken.

Hotte: Ich fass' es nicht. Die drei Weisen aus dem Morgenland. Habt ihr auch Geschenke dabei?
Achim: Was hätteste denn gerne? Gold …
Marco: … Weihrauch …?
Ingo: … oder Möhre?

Alle schauen Ingo kurz irritiert an.

Achim: Myrrhe! Es heißt Myrrhe!
Marco: Und wieso überhaupt Geschenke? Wir sind ja keinem Stern gefolgt?
Hotte: Ach ja, stimmt ja, du jagst ja keinen Sternen nach, sondern allem, was `nen Rock anhat.
Marco: Immer noch besser, als jeden Tag vor meiner eigenen Frau in die Kneipe zu flüchten.
Achim: Ihr seid ja nur neidisch, dass ihr noch nicht die Richtige gefunden habt.
Ingo: Ich hab' die Richtige gefunden. Oft sogar. Ich verlier' die nur immer nach einem Tag wieder.
Achim: Veronika ist auf jeden Fall die Richtige für mich. Wir lieben uns. Nur manchmal sind wir eben …
Marco: Eigentlich immer.
Achim: … anderer Meinung. – Trotzdem: Veronica ist mein Ein und Alles! Mein Augenstern!
Hotte: Aha, ein Stern! Her mit den Geschenken!
Ingo: Moment mal. Wenn wir wirklich einem Stern gefolgt wären, dann müsste hier ja irgendwo ein Kind sein. Ist hier irgendwo ein Kind?

Marco schaut sich demonstrativ um. Da öffnet sich die Tür, und eine äußerst hübsche, etwa zwanzigjährige Frau, Eva, kommt herein und schaut sich suchend um. In der Hand hält sie ein Foto und betrachtet es.

Marco: Ihr wollt ein Kind? Wenn ihr euch neun Monate gedulden könnt – ich arbeite dran.

Marco steht auf und will auf die junge Frau zugehen, aber sie kommt sowieso schnurstracks auf unsere vier Mannsbilder zu.

Eva: Tag zusammen! Ich bin Eva. Ich suche meinen Vater.
Hotte: Wie sieht er denn aus?
Eva: Keine Ahnung. Jedenfalls ist er einer von denen hier auf dem Foto.

Sie hält den vier Jungs ein über zwanzig Jahre alte Foto vor die Nase. Darauf sitzen unsere Mannsbilder in 80er-Jahre-Kleidung zusammen mit der schönen Barbara an einem Tisch. Hotte, Ingo, Marco und Achim betrachten es gebannt.

Hotte: Wenn ich den kollektiven Schock einmal in Worte fassen darf: Einer von uns ist dein Vater?
Eva: Genau.

Die vier Jungs schauen sich an.

Achim: Ich nicht.
Hotte: Ich auch nicht.
Marco: Guckt mich nicht so an. Ich bin es auch nicht.
Ingo: Na, dann bin ja wohl ich dein Vater.
Eva: Echt?
Hotte: Glückwunsch, Ingo.

Achim nimmt das Foto.

Achim: Nicht so schnell. Wer ist denn die Frau eigentlich?
Eva: Na, meine Mutter.
Marco: Das ist Barbara. Mann, war die scharf. Schärfer als ... Chili mit Senf.
Achim: Barbara Kasperek? Die Frau war ein Vulkan! – Ähm, also hab ich gehört.
Hotte: (*zu Eva*) Und Barbara ... also deine Mutter ... hat gesagt, jeder von uns vieren könnt' dein Vater sein?
Eva: Ja, und der soll mein Studium finanzieren.
Marco: Dann müssen wir ja alle mit ihr geschlafen haben.

Ingo: Richtig. Ich sogar zweimal.

Reaktionen der anderen.

Achim: Na, dann gleicht sich das ja aus. Ich habe nämlich gar nicht mit ihr geschlafen.

Alle schauen Achim an, der unsicher wird.

Achim: Ehrlich!
Hotte: Aber gewollt hättest du schon sehr gern.
Achim: Ach ja? Woher willst du das denn wissen?
Hotte: Weil wir alle am selben Tisch gesessen haben. Du hast eine halbe Stunde lang versucht, meinen Reißverschluss aufzumachen.
Achim: Bitte, Jungs! Veronika darf nichts davon erfahren.
Marco: Wieso? Wird sie dann sauer, weil du endlich einmal Spaß im Leben hattest?
Hotte: So kommen wir nicht weiter. Wir brauchen Beweise.
Ingo: (*zu Eva*) Hat deine Mutter vielleicht einen von uns geheiratet?

Alle schauen Ingo an.

Achim: Lasst uns doch mal überlegen, mit wem sie die meisten Gemeinsamkeiten hat ...
Hotte: Dumm scheint sie ja nicht zu sein.
Ingo: Dann bin ja wohl raus. – Puuh!

Erleichtert trinkt er einen Schluck.

Marco: (*zu Eva*) Wovon lebst du denn jetzt so?
Eva: Ich jobbe als Vertreterin ...

Panik bei Marco.

Eva: ... für Gastronomie-Artikel.

Panik bei Hotte.

Achim: Aber du bist nicht irgendwie Ex-Lehrer, oder?
Eva: Nee.

Erleichterung bei Achim.

Eva: Aber ich will auf Lehramt studieren.

Panik bei Achim.

Eva: Und ich trenne meinen Müll!

Panik bei Ingo.

Hotte: Wie es aussieht, hat sie die besten Eigenschaften von uns allen.

Geschockte Reaktionen.

Achim: Theoretisch kann also jeder von uns ihr Vater sein.
Marco: Also, ich nicht.
Achim: Und warum nicht?

Achim: Gut, dann ziehe ich mich ebenfalls aus dem engeren Kreis zurück. Von mir kann Barbara nicht schwanger geworden sein.

Hotte: Ach, und warum nicht?

Achim: Weil ... ähm ... tja, weil … wenn da jemand von mir schwanger geworden wäre, dann meine Unterhose.

Hotte klopft Achim auf die Schulter.

Hotte: Mach dir nichts draus. Ich war auch viel zu betrunken. Da ging gar nichts. Ich hab' zwar eine Stunde lang geknutscht, aber dann hab' ich gemerkt, dass es Ingo war.

Ingo: Guter Küsser, der Hotte. – Aber einer von uns fünf muss doch der Vater sein.

Marco: Hä? Wieso fünf? (*zeigt aufs Foto*) Guck mal, Ingo. Eins, zwei, drei, vier.

Achim: Ingo hat Recht. Der Fünfte, der das Foto gemacht hat …!

Die vier schauen sich an.

Hotte, Ingo,
Marco &
Achim: Bruno!!

Kurze Zeit später. Hotte, Achim, Marco und Ingo stehen neben Eva an der Theke. Sie schauen sich ein Fotoalbum an, das Hotte hervorgekramt hat. Hotte deutet auf das Foto eines Mannes, der Eva sehr, sehr ähnlich sieht.

Hotte: Das hier ist Bruno. Der hatte früher nebenan seinen Fotoladen. (*zu Eva*) Ich hab' dir seine neue Adresse aufgeschrieben.

Achim: Hundert pro. Ähnlicher geht gar nicht mehr.

Eva nimmt den Zettel von Hotte und geht.

Eva: Ich danke euch!
Ingo: Grüß Bruno von uns!
Marco: Und sag ihm, ich hab` ihm verziehen, dass er mir deine Mutter ausgespannt hat!

Hotte schenkt eine Runde Schnaps aus.

Hotte: Denkt ihr dasselbe, was ich denke?

Alle reißen die Arme hoch und jubeln.

Marco: Um ein Haar an `ner Vaterschaftsklage vorbeigekommen!
Ingo: Das muss gefeiert werden!

Achim: So viel Panik hatt` ich nicht mehr, seit mich meine Frau beinah mal beim Im-Stehen-pinkeln erwischt hat.
Marco: Und ich nicht, seit ich mal versehentlich ein alkoholfreies Bier getrunken hab' und zum Magenauspumpen in die Klinik musste.

In diesem Moment betritt eine andere Frau, Gisela, Hottes Lokal.

Gisela: Hallo! – Hier hat sich ja überhaupt nichts verändert!

Die vier schauen zu ihr herüber. Sie benötigen eine Weile, dann fällt bei ihnen der Groschen.

Achim: Gisela? Ich glaub' es nicht.
Marco: Ich bin dir immer treu gewesen. Ehrlich!
Ingo: Mensch, Gisela, was treibt dich denn hierher?
Hotte: Ich hoffe, du kommst, um deinen Deckel zu bezahlen. Mord und Trinkschulden verjähren nämlich nicht!
Gisela: Ihr seid alle noch genau wie früher.
Marco: Außer Achim. Der ist jetzt unter die Frauenversteher gegangen.

Reaktion Achim.

Hotte: Wie lang ist das jetzt her?
Gisela: Ungefähr sechs Jahre!
Marco: Sechs Jahre!
Achim: Unglaublich!
Ingo: Und du hast uns trotzdem nicht vergessen!
Gisela: Wie könnte ich? (*ruft zur Tür*) Jungs, kommt mal rein!

Vier Jungen im Alter zwischen sechs und acht Jahren kommen herein.

Gisela: Sagt euren Vätern guten Tag!

*****

Männer nach der Samenspende?

Wir wissen es nicht.

Ein Mann ist es gewöhnt, schwierige Aufgaben zu erledigen, ohne mit der Wimper zu zucken. Er erschlägt Bären notfalls mit der bloßen Faust, stöbert in der Frankfurter Innenstadt mühelos einen gebührenfreien Parkplatz auf und geht mit seiner Partnerin in schwedischen Möbelhäusern furchtlos Teelichte kaufen. Vor wirklich unlösbare Aufgaben wird er erst in der Ehe gestellt, vor allem dann, wenn der Heirat auch noch Kinder folgen. Familienvater zu sein gehört zum Härtesten, was einem Mann abverlangt werden kann. Wieso, davon handelt die folgende kleine Geschichte, die in den Siebziger Jahren irgendwo im Ruhrgebiet spielt.

FAMILIENZUWACHS

Das verweinte Gesicht und die Kleider waren ganz dreckig. Verängstigt stand das kleine Mädchen an eine Hauswand in der Bülowstraße gelehnt. Es war allerhöchstens vier, und von den Eltern war weit und breit niemand zu sehen. Es hatte sich verlaufen, und darum nahm Mama es mit. Zuhause stellte sich heraus, dass es nicht nur schmutzig, sondern auch sehr hungrig war. Es aß zwei Teller Suppe und ein halbes Brot, und dazu trank es einen ganzen Liter Milch, dann wurde die Kleine von unserer Mutter in die Badewanne gesteckt. Gerade als die Kleine blitzeblank geschrubbt war und von Mama zu Bett gebracht wurde, kehrte Papa von der Arbeit zurück, der seit kurzem bei einem Versandhaus angestellt war.

Papa besah sich die Kleine und erklärte, man müsse die Polizei alarmieren. Bestimmt sei sie ihren Eltern abhanden gekommen, und die säßen nun zu Hause und machten sich Sorgen.

Doch Mama protestierte. Wenn es die Art von Eltern wären, die sich um ihre Kinder sorgten, erwiderte sie, dann hätten sie ja wohl besser aufgepasst.

„Jetzt schläft sie erst einmal“, sagte sie zu Papa, „zur Polizei können wir auch morgen noch gehen. Oder willst du, dass das arme Kind die Nacht womöglich auf der Wache verbringt? Und hast du gesehen, wie mager sie ist? Bestimmt bekommt sie zu Hause nicht genügend zu essen. Warum also hast du es so eilig, ihn loszuwerden, diesen kleinen, süßen Wurm? Manchmal glaub' ich, du hast überhaupt kein Herz, Hans-Jürgen!"

Papa seufzte und streichelte statt einer Antwort die Katze, die Mama vor einigen Wochen von einem Spaziergang mitgebracht hatte. Ihr Name war Maunz, wie das kleine Schild an ihrem Halsband verriet. Er stand direkt über der Adresse, bei der man sich melden sollte, falls man Maunz irgendwo fand.

Mama ging ins Kinderzimmer, um noch einmal nach dem Mädchen zu schauen. Sie hatte beschlossen, es Franziska zu nennen. Papa schüttelte den Kopf und ging in die Küche, um Ringo, dem Hund, der Mama zugelaufen war, Futter zu geben. Anschließend versorgte er die Tanzmäuse, die uns eine Nachbarin bei ihrem Auszug überlassen hatte. Sie waren innerhalb von nur vier Wochen derartig zahlreich geworden, dass wir dazu übergegangen waren, sie nicht nur in Käfigen, sondern auch in Schuhkartons und großen Töpfen unterzubringen. Die standen nun überall herum: auf dem Boden, auf dem Kühlschrank, den Fensterbänken, auf dem Wohnzimmerschrank und auf unserem Fernseher. Das Anstrengende war nicht, sie zu füttern und die Käfige, Kartons und Töpfe sauberzuhalten, sondern die Mäuse vor Maunz zu beschützen. Maunz stellte auch dem Wellensittich nach und versuchte, ihre Tatze durch das Käfiggitter zu stecken. Dann flatterte der Wellensittich jedes Mal aufgeregt in seinem Käfig herum.

Obwohl Papa Mama meist gewähren ließ, bestand er am anderen Morgen darauf, Mama müsse mit Franziska auf die Polizeiwache gehen. Als er zur Arbeit aufgebrochen war, zog Mama uns der Reihe nach an, fasste Franziska und meinen Bruder bei der Hand und machte sich mit uns dreien auf den Weg. Unterwegs fiel ihr jedoch ein, dass man die Polizei ja gar nicht unbedingt mit der Sache behelligen musste. Vielleicht fanden sich die Eltern des Mädchens ja ganz in der Nähe der Straße, wo Mama es gefunden hatte.

„Na, die können was erleben, wenn ich sie finde“, sagte Mama.

Dann fiel Mama jedoch ein, dass sie tags zuvor versprochen hatte, bei Oma Frieda an den Fenstern für Gardinen Maß zu nehmen, und da Oma eine gute Köchin war und Franziska in Mamas Augen dringend zunehmen musste, änderte sie die Richtung.

Oma Frieda zeigte Mama zuerst die Schildkröte, die man bei ihr abgegeben hatte, weil auch die Leute aus Oma Friedas Bekanntenkreis um das große Herz von Mama wussten. Danach beugte sie sich zu Franziska hinunter und fragte: „Na, wer bist du denn? Hat man dich auch bei Margret abgegeben?“

„Ihre Eltern können sich schon mal auf was gefasst machen. Die Kleine einfach so unbeaufsichtigt rumstromern zu lassen! Kann doch schließlich sonst was passieren. Wär’ ja nicht das erste Mal, nach dem, was man immer in der Zeitung liest!“

Papa kam nach Hause, und Franziska war immer noch da. Sehr begeistert wirkte er nicht. Außerdem war er beim Hereinkommen über Hulda, die Schildkröte, gestolpert und mit viel Krach der Länge nach zu Boden gegangen, was wiederum Maunz in Panik versetzte. Fauchend sprang sie vom Sofa und weckte mit ihrer hektischen Flucht den Jagdtrieb von Ringo. Bei der anschließenden Verfolgung von Maunz brachte er etliche Schuhkartons mit Tanzmäusen zu Fall. Helmut, der Wellensittich, erlitt wegen des Krachs einen Schock und fiel tot von der Stange.

„Mein Gott, Hans-Jürgen!“, rief Mama. „Wie kann man nur so ungeschickt sein!?“

Franziska war drei Tage bei uns, als Papa beschloss, die Angelegenheit selbst ins Reine zu bringen. Er nahm sich den Vormittag frei, ließ sich von Mama, die ganz schrecklich heulte, das Mädchen übergeben und brach zur Polizeiwache auf. Auf dem Weg dorthin begegnete ihm sein Bruder Wolfgang, der ziemlich guter Laune war. Wegen seines Asthmas hatte ihn der Hausarzt krankgeschrieben. Onkel Wolfgang fragte Papa, ob er nicht Lust hätte, im „Nordlicht“ mit Kalle Drebich und Horst Schopke ein paar Runden Karten zu spielen. Statt wie geplant zu dritt Skat, könne man ebenso gut zu viert Doppelkopf spielen. Er zündete sich eine Roth Händle ohne Filter an und marschierte hustend voraus. Papa änderte die Richtung und übergab Franziska erstmal Oma Frieda.

Als Papa sie ablieferte, spielte Oma mit einer Nachbarin und einer zweiten Frau namens Käthe gerade Canasta und panierte gleichzeitig Koteletts.

„Nur für `ne Stunde“, sagte Papa, aber dann wurden es neun, und Franziska schlief bereits in Oma Friedas Bett, als er kam, um sie zu holen. Weil er sie nicht aufwecken wollte, setzte er sich zu den anderen an den Tisch, mischte die Karten und stieg ins laufende Spiel ein. Onkel Wolfgang war noch im „Nordlicht“ geblieben, um mit Horst Schopke eine Schlägerei auszutragen. Als wir ihn anderntags in der Klinik besuchten, lag er in seiner Unterhose auf dem Krankenbett und steckte sich gerade hustend eine Roth Händle ohne Filter in den Mund. Der Mitpatient protestierte kurz, in einem Krankenzimmer sei es verboten zu rauchen, aber niemand hörte ihm zu. Stattdessen fragte Onkel Wolfgang, wer eigentlich die Kleine sei, sie wäre ihm schon gestern aufgefallen.

„Heißt Franziska. Hat Margret auf der Straße aufgelesen“, sagte Papa.

„Ach, du armer kleiner Wurm“, wandte sich Onkel Wolfgang an Franziska. „Hasse dich verlaufen, hä? Hasse Mama und Papa verloren?“

Der Mitpatient hustete laut wegen des Qualms, und Onkel Wolfgang fuhr ungeduldig herum: „Sag mal, was bissen du eigentlich für einen? Willße hier den Larry machen, oder was? Du siehst doch, dass ich mit der Kleinen spreche.“

Onkel Wolfgang stand auf, zog sich an und packte seine Sachen zusammen. Als er fertig war, durften mein Bruder und ich die Wunde an seinem Hinterkopf berühren, die mit sechs

Werbepause

Sie haben jetzt Gelegenheit, das Buch zur Seite zu legen und zur Toilette zu gehen. Bitte seien Sie in zweieinhalb Minuten zurück, dann geht es auf der rechten Seite weiter.

Stichen genäht worden war.

Der Mitpatient wandte sich an Papa, hob eine Zeitung in die Höhe und sagte: „Die Kleine da wird schon gesucht. Steht hier in der Zeitung. Und ihr Name ist nicht Franziska, sondern Monika."

„Hömma, was bissen du eigentlich für einen, hä? Willße meinem Bruder erklären, wie seine Kleine da heißt? Mach mal nicht den Larry hier, hörße? Sonst gibt's nämlich mal voll was auf die Zwölf", wurde er von Onkel Wolfgang gewarnt.

Papa studierte die Suchmeldung und schien wenig begeistert. Auf dem Weg zum Auto sagte er, er sei nicht scharf darauf, wegen Kindesentführung ins Kittchen zu wandern. Also fuhren wir vorerst nicht zur Wache, sondern zurück zu Oma Frieda. Auch Mama war da. Sie hatte sich Sorgen gemacht und war froh, Franziska wieder in ihre Arme zu schließen. Sie zeigte ihr das Meerschwein, das die Wirtin aus dem „Nordlicht" bei Oma abgegeben hatte, weil deren Sohn Robert es nicht anständig pflegte.

„Sie heißt übrigens Monika", sagte Papa zu Mama.

„So heißt vielleicht eine Schuhcreme, aber nicht mein kleines Goldstück hier!", erwiderte Mama. Sie drückte die Kleine fest an sich und fügte hinzu: „Nee, mein Schatz, du heißt jetzt Franziska. Hier, das Meerschwein, das können wir meinetwegen Monika nennen, aber doch nicht so einen süßen, lieben Fratz wie dich."

Während Oma Frieda Koteletts panierte, die Nachbarin an alle außer unsere Mutter Karten austeilte und mein Bruder Monika, das Meerschwein, wie ein Spielzeugauto über den Küchenboden schob, wobei er Fahrgeräusche imitierte, wurde beratschlagt, wie man Franziska ihren Eltern zurückgeben könne, ohne der Kindesunterschlagung beschuldigt zu werden. Mama und Papa stritten sich heftig. Zwischendurch ermahnte Papa meinen Bruder, er möge etwas achtsamer mit dem Meerschwein umgehen, wenn es so jämmerlich quieke, verstünde man ja sein eigenes Wort nicht mehr.

Schließlich wurde beschlossen, Franziska dort auszusetzen,

wo Mama sie gefunden hatte. Man würde die Polizei informieren und von einer sicheren Stelle aus darüber wachen, dass die Polizisten die Kleine auch fänden. Dann sagte Mama, sie müsse mit meinem Bruder und seinem ramponierten Meerschwein zum Tierarzt und ohne sie finde die Übergabe auf keinen Fall statt. Papa erwiderte, samstags wären die Tierarztpraxen geschlossen, aber ehe sie weiterstreiten konnten, trug Oma Frieda das Mittagessen auf, und es wurde gegessen. Anschließend beschloss Mama, Franziska noch die Haare zu schneiden, die Kleine sähe ja fürchterlich aus. Während des Frisierens, als die anderen wieder Karten spielten, entschied sie außerdem, dass Franziskas schwarzes Haar unvorteilhaft wirke, und färbte es blond. Franziska war nicht wiederzuerkennen und Papa besorgt. Er verfrachtete uns alle ins Auto und startete mit finsterer Miene den Motor. Seine Laune war sowieso schlecht, denn er hatte beim Kartenspielen verloren. Als auch noch mein Bruder das Meerschwein fallen ließ, das zunächst unter den Fahrersitz floh und von dort unter die Pedalen, sodass Papa, um das Meerschwein nicht mit seinen Füßen zu zerquetschen, die Handbremse ziehen musste, als wir uns der roten Ampel näherten, lagen seine Nerven blank. Das nachfolgende Fahrzeug, ein Opel, knallte hinten rein, und Papa warf Mama böse Blicke zu.

Als der Streifenwagen eintraf, zeigte Papa den Beamten Franziska und erklärte, um das Mädchen könnten sie sich auch gleich kümmern. Es sei die kleine Monika, die schon seit Tagen vermisst werde, man sei gerade auf dem Weg zur Wache gewesen.

„Stimmt ja gar nicht!“, rief Mama dazwischen. „Du hast sie einfach aussetzen wollen.“

„Hab‘ ich nicht!“, schrie Papa sie an.

Während beide stritten und der Fahrer des anderen Wagens gegenüber dem Beamten seine Aussage machte, war Monika (das Meerschwein) aus dem Auto gekrochen und dem zweiten Polizisten plötzlich vor die Beine geraten. Er verlor das Gleichgewicht und stürzte zu Boden. Dort fiel sein Blick auf die merkwürdigen Füße des Meerschweins, die natürlich keine Füße mehr waren, sondern lediglich Stummel. Der Polizist nahm es an sich, um mit ihm zu einem Tierarzt zu fahren. Auf der Polizeiwache heulte mein Bruder immer noch über seinen Verlust.

Nach etwa einer Stunde betrat ein Vorgesetzter den Raum, in dem Mama und Papa eindringlich befragt worden waren. „So, wo ist denn diese Monika nun?“, wollte er wissen.

„Mit Polizeihauptmeister Krüger bei einem befreundeten Tierarzt, wegen der Füße“, erklärte ihm der andere Polizist. „Und das hier ist die Kleine. Sie heißt Franziska“, fügte er hinzu und wies zu dem Mädchen hinüber.

„Hä? Wieso Franziska?“, fragte der Vorgesetzte. „Wird auch eine Franziska vermisst?“

„Siehst du“, wandte sich Mama an Papa, „sie haben Franziska noch nicht mal vermisst! Na, die Eltern sollen mich kennenlernen, die kriegen was zu hören von mir!“

Alles klärte sich aber auf, und Monikas Eltern wurden verständigt. Während man auf ihr Eintreffen wartete, saß Papa zum Missfallen von Mama mit Polizeihauptmeister Deichmann und dem Vorgesetzten an einem Schreibtisch und spielte Karten mit ihnen. Mama weinte und drückte Monika, die sie weiterhin Franziska nannte, fest an ihre Brust. Mein Bruder und ich studierten unterdessen die Verbrecherkarteien und brachen jedes Mal in Jubel aus, wenn wir einen Bekannten unserer Familie darin abgebildet sahen, als schließlich die Tür geöffnet wurde und Monikas Eltern, Herr und Frau Geburek, erschienen. Mama blickte beide wild und hasserfüllt an.

Der Vorgesetzte erhob sich, lächelte und sagte: „So, da haben wir sie, Ihre kleine Ausreißerin.“

Aber Frau Geburek machte große Augen, starrte auf das Kind und erklärte: „Was soll das? Das da ist nicht Monika! Monika hat viel längere Haare. Außerdem ist sie nicht blond!“

Mama aber lächelte glücklich.

*****

Kurz vor seinem siebten Kind: Der sechsfache Vater Theo Seifert erklärt seinem Freund Matthias Lücke eine absolut sichere Verhütungsmethode.

Bleiben wir noch kurz bei Vätern und ihren Kindern. Dass es zwischen ihnen Reibungen gibt, liegt auf der Hand. Etwas ganz Spezielles ist jedoch das Verhältnis zwischen Vater und Sohn. Wie schwer es ist, sich als Mann gegenüber dem eigenen Vater durchzusetzen, veranschaulicht folgende Szene, die wir dem Bonner Autor **Christian Bartel** verdanken.

Der alte Pöltner stirbt

Ein Volksstück im alpenländischen Stil

Pöltner:	Nimm meine Hände, Schorsch.
Schorsch:	Ja, Vater.
Pöltner:	Spürst du das, Bub? Hände wie alte Borke. Mit den eigenen Händen den Hof bauen, das Torf stechen, das ist es, was einen Mann ausmacht.
Schorsch:	(*irritiert*): Ja, Vater.
Pöltner:	Ödland war das. So weit du schauen konntest. Ödland und harte Arbeit. Der Mutter hat's das Herz zerrissen, sie ist halt nie eine echte Bäuerin worden.
Schorsch:	Vater, ich muss etwas sagen.
Pöltner:	Den Bauern hat man im Blute, oder man hat ihn nicht. – Bub, meine Stunden sind gezählt ...
Schorsch:	Vater, du bist kein Bauer.
Pöltner:	(*trotzig*): Doch, das bin ich. Mit der Scholle fest verwachsen, ein Mann der Erde. Und zur Erde kehre ich zurück.
Schorsch:	Vater, du bist Kreativdirektor einer großen Agentur, hast dich von Mutter wegen einer Freundin scheiden lassen, die jünger ist als deine Tochter, fährst einen albernen kleinen Sportwagen, der ständig kaputt ist und deine Bandscheiben ruiniert, deine letzten beiden Kampagnen waren allesamt Flops, und jetzt heulst du mir die Ohren voll mit diesem Bauernscheiß. Die Kinder sind schon ganz durcheinander.
Pöltner:	(*irritiert*): Kinder?

Schorsch: Die Kinder. Meine Kinder! Die, die du den Nachbarn als Knechte verkaufen wolltest.

Pöltner: Du musst hart sein, mein Sohn, hart zu dir und den deinen. Den Winter, den werden sie hier nicht überstehen.

Schorsch: Im Winter sind sie bei ihrer Mutter. In Florida, Golf spielen.

Pöltner: Die Kinder! Auswanderer! Weil der Bub sie nicht ernähren kann. Was ist nur aus dem Pöltnerhof geworden?

Schorsch: Ich halt's nimmer aus.

Es klingelt. Schorsch öffnet die Tür. Ein braungebrannter Herr in den besten Jahren schwirrt alert herein, angetan mit einem hellen Leinenanzug und rehbraunen italienischen Slippern. Auf dem Kopf trägt er allerdings eine schwarze, troddelbesetzte Tiara.

Pöltner: (*erfreut*): Ah, der Herr Prälat Hopfimoser.

Schorsch: Oh, Gott!

Hopfimoser: Küss die Hand, Herr Bauer.

Pöltner: Mein Bub. (*fuchtelt unwirsch mit den Händen und zeigt auf Schorsch*) Mein Bub ist eine Flasche.

Hopfimoser: (*versonnen*): Ein Flascherl. Das könnt ich auch gut brauchen, heiß ist's g`worden, und ich hab' heut' die Kuh vom Bauern Schimpfli nottaufen müssen. (*an Pöltner gewandt*) Sie hatte sich bös den Fuß verstaucht.

Pöltner: (*interessiert*): Das arme Tier.

Schorsch: Kühe werden nicht getauft.

Hopfimoser: Es war ja auch nur eine Nottaufe.

Schorsch: Auch nicht notgetauft.

Pöltner: Da siehst du's, Prälat. Alles weiß er besser. Aber ein Bauer will er partout nicht sein.

Hopfimoser: 's ist schon ein Kreuz mit der Jugend. Meine Tochter, zum Beispiel ...

Schorsch: Jetzt hab' ich dich, du falscher Hase. Geistliche haben keine Kinder!
Hopfimoser: Doch, mein Sohn. Haben sie.
Schorsch: Haben sie nicht.
Hopfimoser: Ach, Schorsch, ich will nicht streiten. Sei so gut und hol dem lieben Onkel Prälaten einen Schoppen Wein ...
Pöltner: ... und zwei Doppelwacholder.

Schorsch geht fluchend ab.

Hopfimoser: Meine Tochter also … ein fesches Luder. Sie ist jetzt so eine Dings, eine ... Kruzifixnocheinmal, wie heißt jetzt das? Wo man den ganzen Tag im Kloster sitzt und diese Dinger runterleiert.
Pöltner: Sennerin!
Hopfimoser: Nein, das andere. Jedenfalls macht sie da eine Ausbildung, damit sie mal die Kirche übernehmen kann, wenn mich der Herrgott zu sich ruft.
Pöltner: Der kluge Mann baut vor.
Hopfimoser (*ärgerlich*): Ja, ja. Aber sie will nicht. Meine Kirche ist ihr wohl nicht gut genug. Dabei haben wir sogar so ein Tastendings und diese kleinen Jungs, die das Geld einsammeln und den Aufguss machen. Sogar mit Kräutern.
Pöltner: Undankbar sind sie. So eine schöne Kirche und jeden Sonntag ausverkauft.
Hopfimoser: Die Jugend hat ihren eigenen Kopf.

Stille. Die beiden Männer schauen betreten zu Boden.

Pöltner: Prälat Hopfimoser, es geht zu Ende mit mir. Ich brauche geistlichen Beistand.
Hopfimoser: (*besorgt*): Wir sollten jemanden rufen. Leichen sind kein schöner Anblick.

Pöltner: Unsinn, Prälat Hopfimoser. Du musst mir die letzte Ölung geben.

Hopfimoser: Ölung? Nicht lieber Gesichtscreme?

Pöltner: Du musst mich mit geweihtem Öl besprenkeln und was Geistliches sagen. Erst dann kann ich in Ruhe sterben.

Hopfimoser: Igitt.

Pöltner: Hab` dich nicht so, Prälat. Fang schon an. Ich will tot sein, bevor Schorsch wiederkommt. (*feixend*) Der wird sich ärgern.

Hopfimoser: Ich hab' aber kein Öl.

Pöltner: Wenn ein Sterbender um einen Besuch bittet, bringst du gefälligst Öl mit, du pontifikaler Rohrkrepierer.

Prälat Hopfimoser geht ab. Schorsch kommt mit einem Tablett herein.

Schorsch: Wo ist der Dings? Ist er endlich weg?

Pöltner: Prälat Hopfimoser? Der ist Öl holen. Ich wollte längst tot sein.

Schorsch: Vater! Erstens: Du stirbst nicht. Zweitens: Du bist kein Bauer. Drittens: Prälat Hopfimoser ist kein Prälat.

Pöltner: Meinst du?

Schorsch: Ja, verdammt.

Pöltner: Was ist er denn dann? Dechant? Prädikant?

Schorsch: Er ist Galerist im Westend.

Prälat Hopfimoser tritt auf, in der Hand eine Schüssel.

Hopfimoser: Ich verbitte mir das. Selbstverständlich bin ich Prälat. Sonst hätte ich ja keine Streifen auf der Mütze.

Schorsch: (*triumphierend*): Da sind aber keine Streifen.

Hopfimoser: Dann halt eben Bommel.

Pöltner: Jawohl, einen Bommel hat er.

Hopfimoser: Na, also. Kann ich jetzt ölen?
Pöltner: Nur zu. Beeil dich. Ich bin schon ganz morbid.

Hopfimoser ölt den Kranken ein.

Hopfimoser: Ego nunc te absolvo, cum olio et cepa et spiritus sanctus ... und jetzt ganz vorsichtig unterheben.
Pöltner: (*schreit*): Herrgottsakrament! Was in Dreiteufelsnamen ist denn das?
Hopfimoser: Zwiebelchen-und-Kräuter-Vinaigrette. Eigenes Rezept.
Pöltner: Und das schüttest du mir über den Kopf?
Hopfimoser: In Ewigkeit, Amen. – Pöltner, hau rein. Du bist geölt wie der Blitz.
Pöltner: Ich werde keinesfalls als gemischter Salat sterben.
Hopfimoser: Nie kann man's den Leuten recht machen. Prälat sein ist wirklich das Allerletzte.
Schorsch: (*am Telefon*): Hallo, Feuerwehr? – Mein Vater spinnt. Er hält sich für einen sterbenden Bauern und lässt sich von einem Galeristen mit Salatsoße begießen. Kommen sie schnell. Balthasar-Neumann-Straße 19, im zweiten Stock, bei Pöltner klingeln ... – Wie, geht nicht? Erst im April wieder? Was soll das heißen, der Pöltnerhof ist im Winter nicht erreichbar? Welcher Pass? Wir sind in Frankfurt! – Aufgelegt. Arschloch!

(aus: „Seit ich Tier bin" von Christian Bartel)

45

10 Sätze, die Männer von Frauen gerne hören würden

1. Es ist so schön, wenn du nachts neben mir schnarchst.

2. Lass mich die schweren Sachen tragen!

3. Deine Zehennägel sind so herrlich lang – willst du mit mir schlafen?

4. Ich liebe es, wenn du nach Alkohol riechst.

5. Schatz, ich hab' mir überlegt: Wenn ich mir `nen zweiten Job besorge, könntest du kündigen und den ganzen Tag lang zu Hause Playstation spielen.

6. Ich habe deine Pornosammlung sortiert – nach Stellungen, Haarfarben und Darstellerinnen.

7. Schau mal, ich bekomme meine Beine hinter den Kopf.

8. Komm, ich rufe eine Freundin an, sie soll mit einem Kasten Bier herkommen, und wir schieben einen Dreier.

9. Bitte rülps noch mal so schön!

10. Ich gehe jetzt und komme nie wieder!

Nicht jedes männliche Topmodel bewegt sich auf dem Catwalk derart elegant wie dieses hier.

Kehren wir ein letztes Mal in die Kneipe zu unseren Mannsbildern zurück. Hotte steht hinter der Theke, Marco und Ingo sitzen davor. Nur Achim ist noch nicht da.

Die Mannsbilder in:

Die Steuerprüfung

Marco: Hotte, jetzt lass mal zwei Bier rüberwachsen.
Ingo: Genau. Ich bin so ausgetrocknet – wenn ich jetzt pinkeln gehe, staubt das ganze Urinal voll.

Hotte stellt ihnen zwei Bier vor die Nase.

Hotte: Ihr habt aber heute auch `nen Zug drauf. Ihr seid doch erst fünf Minuten hier!
Marco: Sieben! Und sieben Minuten sind ein Pils. – Also Prost!
Ingo: Prost!

Sie stoßen an und trinken. Da kommt Achim herein und wirkt ein wenig verstört. In der einen Hand hält er sein Babyphon, in der anderen einen Brief.

Achim: Hi, Leute! Tut mir leid ...
Marco: Achim! Na endlich!
Ingo: Guck mal auf die Uhr, Mensch! Es ist ein Pils nach halb fünf!

Achim setzt sich an die Theke und stellt das Babyphon auf. Hotte gibt ihm ein Bier.

Achim: Ja, ja, ich weiß. Aber da war dieser Brief im Kasten ... mir ist das so peinlich ...
Hotte: Wieso? Haben sie dich nicht in die Stillgruppe aufgenommen?

Achim: Doch ... ich meine, nein. Der Brief ist vom Finanzamt.

Hotte muss schallend lachen.

Hotte: An deine Frau, was? – Hat die hyperkorrekte Frau Staatsanwältin etwa bei der Steuererklärung geschummelt?

Marco: Hat sie versucht, ihr Make-up als Schönheitsreparatur abzusetzen?

Hotte: Oder dich als Putzfrau?

Achim: Ihr Knalltüten, der Brief ist überhaupt nicht an uns. Der war nur in unserem Kasten, deswegen hab ich ihn aus Versehen aufgemacht. (*reicht Hotte den Brief*) Hier, für dich.

Achim: Wieso? Hat der schlaue Herr Wirt etwa seinen Bierkonsum als Eigenbedarf abgesetzt?

Marco: Lass ihn. Wir müssen Hotte helfen, sonst gibt's bald überhaupt keinen Bierkonsum mehr. Wir müssen alles Belastende vernichten!

Ingo: Genau! Und mit dem Bier fangen wir an. – Mensch Hotte, ich hab's: Wir saufen dich arm! (*ruft ins Lokal*) Freibier für alle!

Hotte ist entsetzt. Und schaut auf die Uhr.

Hotte: Keine halbe Stunde mehr. Verdammte Steuerprüfung!

Marco: Scheiß Fiskus ...!

Ingo: Stimmt! Meine Tante hatte letztes Jahr auch mal `n Fiskus. Den konnte sie gießen, wie sie wollte – nach zwei Wochen isser eingegangen.

Achim: Du meinst wahrscheinlich, deine Tante hatte einen Ficus.

Ingo: Nö, mit wem denn? Mein Onkel ist impotent und sie selber katholisch.

Alle starren Ingo ungläubig an.

Hotte: Ingo, fünf Minuten Sendepause. Menschenskinder, hier geht's um meine Existenz!

Marco: Also, was würde ich als abgezockter Topmanager an deiner Stelle tun?

Alle denken kurz über die Idee nach. Ingo nimmt ein paar Bierdeckel und beginnt gelangweilt, Striche drauf zu malen.

Hotte: Das ist doch völlig hirnverbrannter Blödsinn. Wir brauchen irgendwas ganz Einfaches.

Marco: Wie wär's denn mit Tod?

Hotte: Was?

Marco: Ganz einfach. Wenn du stirbst, kann dir keiner was.

Hotte: Ihr seid wahre Freunde!

Achim: Wir wollen nur dein Bestes.

Hotte: Ja, mein Bier. (*genervt zu Ingo*) Was machst du da eigentlich die ganze Zeit?

Ingo: Pfff, zuerst darf ich nichts sagen, und jetzt darf ich noch nicht mal Striche auf die Deckel malen ...

Marco: Das ist die Idee! – Hotte, gib doch mal alle unbenutzten Bierdeckel her, die du hast.

Hotte: Und dann?

Marco: Dann malen wir überall Striche drauf und schreiben irgendwelche Namen dazu.

Achim: Ja, genau. Und das sind dann deine Außenstände.

Marco: Und solange die nicht bezahlt sind, kannst du sie auch nicht versteuern.

Hotte: Der erste vernünftige Vorschlag, den ich höre.

Er holt einen Stapel Bierdeckel sowie mehrere Bleistifte und verteilt sie.

Ingo: Klasse! `n Deckel machen, ohne ihn zu bezahlen!
Hotte: Hast du hier je was anderes gemacht?

Alle beschriften eifrig Bierdeckel. Hotte nimmt den Brief zur Hand.

Hotte: (*grimmig*) Und ich fang' gleich mal mit dem Namen hier an. – Przybylski! So kann auch nur ein Beamter heißen!

Er schreibt den Namen hin und legt den Deckel beiseite, als eine Frau, knapp über dreißig, die Kneipe betritt und sich an die Theke begibt.

Prüferin: Guten Tag, die Herren. Mein Name ist Przybylski.

Ingo schaut auf den Deckel, den Hotte gerade weggelegt hat.

Ingo: Ach, Sie sind das!
Prüferin: Sie wissen, warum ich hier bin?
Ingo: Ja klar! (*hält den Bierdeckel hoch*) Sie wollen Ihren Deckel bezahlen!

Hotte: Wer ... ich? Nein, im Gegenteil. Ich heiße ... Bierfisch. Alfred Bierfisch. Genau.

Achim: Ja, das stimmt! So heißt er!

Ingo: Schon immer!

Prüferin: Und was suchen Sie dann hinter der Theke?

Hotte: Ich weiß nicht ... ich bin hier fremd ... ich kenn' mich nicht aus.

Marco: Er sucht sich.

Prüferin: Wie bitte?

Prüferin: Das Gegenüber, das ich im Moment suche, heißt Horst Weinvogel. Sind Sie das vielleicht?

Marco: Leider nein.

Achim: Herr Weinvogel ist gar nicht da.

Ingo: Stimmt! Der ist in Liechtenstein!

Prüferin: Liechtenstein? Das ist ja interessant. Und was macht er da?

Ingo: Na ja, er ... verkauft Briefkästen aus Rumänien und Börsen aus Hongkong.

Prüferin: Sieh mal an. Diese Nebengeschäfte hat er bei seiner Steuererklärung gar nicht angegeben.

Hotte bekommt Angst.

Hotte: Dann stimmt es auch sicher nicht. Es war ja nur eine vage Vermutung.

Achim: Keine Vermutung – Verdrängung. Wir haben völlig verdrängt, dass unser Freund ja diese eine Sache hat, mit der man besser nicht zur Arbeit geht. Wie heißt das noch?

Prüferin: Tod?

Achim: (*mit Blick auf Ingo*) Ich war genauso überrascht wie Sie. Ja, Tod.

Marco: Das mag Sie vielleicht jetzt schockieren, aber ...

Prüferin: Allerdings. Es schockiert mich.

Hotte: Sie werden verstehen, dass es unter diesen Umständen das beste wäre ...

Prüferin: ... wenn Sie Herrn Weinvogel ganz schnell wiederauferstehen lassen! Haben wir uns verstanden?

Hotte: (*resigniert*) Ja. – Kommen Sie in mein Büro.

Die beiden gehen hinaus.

Achim: So ein Pech! Jetzt haben wir die ganzen Deckel umsonst beschriftet!
Marco: Wisst ihr, was mir auffällt? Die Biere hier sind schon alle aufgeschrieben ...
Alle drei: … aber noch nicht getrunken!

Gierig stürzen alle drei hinter die Theke, legen sich unter die Zapfhähne und lassen das Bier sprudeln.

Einige Zeit später. Achim, Ingo und Marco arbeiten immer noch ihre Bierdeckel ab. Sie haben erkennbar schon ziemlich viel geschafft.

Ingo: Ob Hongkong oder Liechtenstein ...
Achim: ... das Bier, das muss vernichtet sein!
Marco: Hau weg, die Kacke!

Hotte und die Prüferin kommen zurück. Er begleitet die Beamtin zur Tür. Sein Gesicht ist wie versteinert.

Prüferin: Alles weitere geht Ihnen dann in den nächsten Tagen schriftlich zu. Schönen Abend noch. (*zu Ingo, Achim und Marco*) Auf Wiedersehen, meine Herren. Grüßen Sie Herrn Bierfisch.

Sie geht.

Achim: (*zu Hotte*) Na und? Was ist jetzt?
Hotte: Ich glaub's einfach nicht!
Marco: Musst du jetzt in'n Knast?

Hotte schüttelt den Kopf. Ingo ist schockiert.

Ingo: Musst du etwa auf den elektrischen Stuhl?
Hotte: (*immer noch starr*) Meine Bücher sind in Ordnung. Meine Steuererklärung ist in Ordnung. Alles ist in Ordnung. (*schreit*) Und dafür hab' ich diese Angst ausgestanden!
Ingo: Spül's runter. (*wedelt mit einem Deckel*) Hier. Geht alles auf Wendelin.
Hotte: Wieso Wendelin? – Habt ihr etwa ...? Ach was soll's..

Er nimmt einen Schluck Bier.

Hotte: Gott sei Dank hat die mein Fahrtenbuch nicht gesehen. Diese Steuer-Domina hätte mich in der Luft zerrissen!
Achim: Du solltest einen Brief an das Finanzamt schreiben.
Marco: Und sich selbst anzeigen? Wirst du jetzt vollkommen verrückt?
Achim: Quatsch. Aber ihren Chef interessiert es bestimmt, dass seine Beamtin trinkt im Dienst!

Ingo hält den Deckel von Frau Przybylski hoch.

Ingo: Praktisch rundgesoffen! Wundert mich, dass die noch geradeaus zur Tür raus ist.

Allgemeines Zuprosten und Lachen.

*****

Schauspieler Stefan Gebelhoff mit Claudia Schiffer (rechts) und einem weißen Tiger (unten) am Set. Der Fotograf wurde später gefeuert.

Zum Abschluss noch ein kleines Gedicht, das zeigt: Auch Männer besitzen ein Gefühl für Romantik. Dieses Gefühl unterscheidet sich in seiner Art jedoch sehr deutlich von dem, was uns in Rosamunde-Pilcher-Verfilmungen oder in Blockbustern wie „Titanic" als Romantik verkauft wird. Das verliebt-romantische Gefühl eines Mannes nämlich äußert sich in … Übermut.

Liebesgedicht

Die Liebe ist ein junges Ding,
das gestern noch im Fenster hing
und alle Kerle grüßte.

Ich blickte wie ein Schelm hinauf,
mein Herz ein Stock mit Silberknauf,
mit dem ich eifrig winkte.

„Komm doch auf einen Sprung herein,
was willst du denn alleine sein?",
sprach mir die lockend Wüste.

Ich sprintete die Stiegen rauf,
trat lächelnd ihre Türe auf
und sah, dass sie sich schminkte.

Sie zog sich Strümpfe und auch High Heels an
wie nur ein Weib halt so was kann
und rückte mir zuleibe.

Als sie dann endlich von mir ließ,
war ich so weich gekocht wie Gries
und sagte keck: „Ich bleibe!"

Auf Wiedersehen!
Danke!
Sie waren ein wundervoller Leser!
Bis bald!

Danksagung

Der Verlag bedankt sich bei den Autoren der Fernsehsendung „Mannsbilder“, namentlich bei Ralf Betz, Jürgen Urig, Stephan Herschung, Rolf Gade, Michael Labs und Georg Weyers-Rojas sowie bei Maike Mielke, Sat 1 und den Schauspielern, die die Figuren zum Leben erweckten: Stefan Gebelhoff, Oliver Dupont, Philipp Schepmann und Claus Jansen. Unser besonderer Dank gilt außerdem Elke Böhm von der MM MerchandisingMedia GmbH sowie Markus Maria Profitlich und seiner Firma Schwerlustig TV. Dank auch an Katinka Buddenkotte, Christian Bartel und dem Killroy media Verlag sowie an Frank W. Hempel, der die exzellenten Fotos schoss.

Am meisten aber sei allen Männern auf diesem Planeten gedankt, insbesondere allen Schwerenötern, Schnellerrötern, Wellblechlötern, Teilzeitvätern, Fischentgrätern, Sportanbetern, Glaspolierern, Dienstquittierern, Frauen-auf-den-Hintern-Stierern, Smokingträgern, Fliesenlegern, Schonsteinfegern, Hauptschullehrern, Fahrbahnteerern, Frauenverwöhnern, Fußballtrainern, Haupthaartönern, Zugbegleitern, Reiseleitern, Zirkusreitern, Hundehaltern, Hausverwaltern sowie Männern hinter Info-Schaltern. Ihr seid super, wirklich!

Noch mehr lachen?
Kein Problem.

Bitte blättern Sie weiter ...

Dagmar Schönleber
Nackt im Bus
Melancholerische Großstadtgeschichten

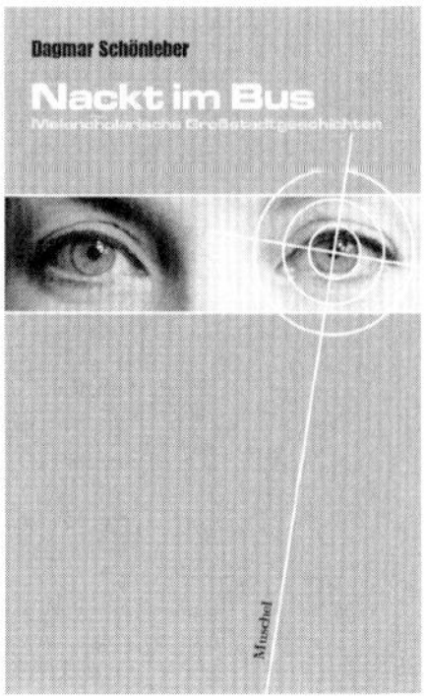

Die in Köln lebende Kabarettistin schreibt von roten Glückssocken und weiblichen Schwächen, von Liebeskummer und seltsamen Träumen. Und das alles gerät ihr so lebendig und witzig, so pointiert und beschwingt, dass die Lektüre zum Vergnügen wird.

ISBN 978-3-936819-26-7
152 Seiten – Paperback

Laabs Kowalski
Der merkwürdige Mann im Café
Erzählungen

Der Kölner Fernsehautor schreibt vom Leben in Studenten-WGs, von traumatisch-komischen Erlebnissen eines verliebten Taxifahrers, von Viehzüchter Sven Hardin und seinem Kampf mit Häupting Dumm-wie-Scheibe-Toast und stattet seine Geschichten mit so überraschenden Wendungen und Schlusspointen aus, dass man vor Lachen nach Luft schnappen muss.

ISBN 978-3-931140-24-3
108 Seiten, gebundene Ausgabe

Christian Bartel

Seit ich Tier bin

Satirische Erzählungen

Humorvoll und grotesk geht Christian Bartel alltäglichem Irrsinn und menschlichen Ängsten auf die Spur, berichtet von einer verkorkst-debilen Geiselnahme, von Männern, die vom Kirchturm fallen, finsteren Gemüsehändlern und durchgeknallten Senioren. – Muss man nicht haben, aber man muss ja auch nicht atmen, wenn man nicht will.

ISBN 978-3-936819-30-4
176 Seiten – Paberback

Brasse Hering

Reise der Lampenschirme durch den Kongo

Abenteuerroman

Ein sprechender Dorsch, schöne Frauen und Homo-Piraten, die mit ihrem Schiff, der „Elton John", die Weltmeere unsicher machen. Außerdem wird das Geheimnis um den Schlagersänger Bata Illic gelüftet. Was zum Teufel (der auch vorkommt) will man eigentlich mehr? Genau, jede Menge Kylie Minogues. Die treten in diesem irrwitzigen Abenteuer nämlich ebenfalls auf.

ISBN 978-3-936819-23-6
148 Seiten – Paperback

Katinka Buddenkotte
Ich hatte sie alle
Satirische Geschichten

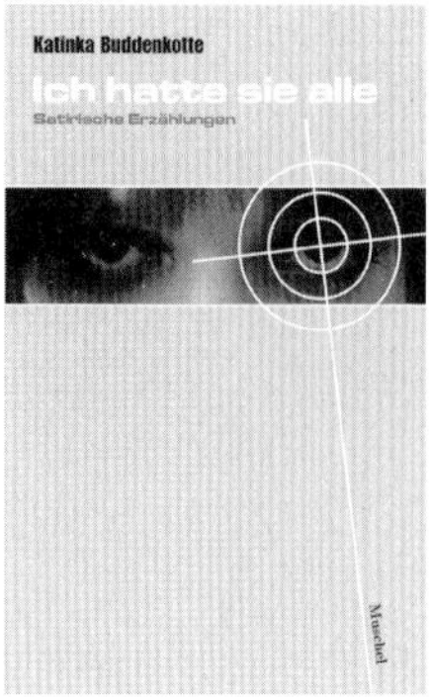

Die Kölner Bestseller-Autorin hatte sie alle: die schlimmsten Jobs, Lebensabschnitts-gefährten, Liebesabenteuer, Ideen und weiblichen Ticks. Hoch gelobt von Jürgen von der Lippe in seiner Sendung „Was liest du?" Zu recht! Komischer ist zum Beispiel ein Frauenarztbesuch noch nie beschrieben worden.

ISBN 978-3-936819-21-2
153 Seiten – Paperback

Laabs Kowalski
Yeah Yeah Yeah
– 50 Jahre Pop & Rock

Die komplette Geschichte der Popmusik auf knappen 96 Seiten! Zum Totärgern, Vorlesen und Schlapplachen. Ob Elvis, die Beatles oder Sarah Connor – in diesem Buch werden sie alle gnadenlos witzig durch den Fleischwolf gedreht. Bestimmt lästert der Autor auch über Ihre Lieblingsband liebevoll ab.

ISBN 978-3-936819-24-3
96 Seiten – Paperback